MÁS ALLÁ DE UN SUICIDIO

Respondiendo a los sobrevivientes

Silvana Velásquez

Psicóloga Clínica y de la Salud

Dedicatoria

A Dios Triuno por escogerme para tan desafiante misión aquí en la tierra, por guiarme con Su amor y Su sabiduría, por ser mi Roca y mi Baluarte.

A mi esposo Leonardo por ser mi amado soporte; a mis preciosos hijos Juan Pablo e Ivanna que han sido mi bastión en momentos de fragilidad y agotamiento. A mis padres, hermana, cuñado y sobrinos, por tanto, amor.

A cada una de las personas que se les ha apagado su luz en esta tierra por esta forma de morir, a cada uno de mis pacientes afligidos y sin esperanza, esto es para ustedes.

Al editor de este libro, Dudley Charry, mi padrino. Gracias por subirte a este tren.

A mi familia Agudelo Cárdenas, nos lo merecemos. De manera especial, quiero dedicar este libro a la protagonista de esta narrativa...

¡has hecho historia!

Notas del Autor

Este libro es prologado por el Dr. Jorge Enrique Téllez, médico psiquiatra, fundador de la Asociación Colombiana de Psiquiatría Biológica. Mi mentor y orientador profesional. Por ello, le quiero agradecer de corazón todo su apoyo.

Andando por este camino pedregoso llamado "Vida" he comprobado que, a través de la aplicación de una psicología empática, espiritual y científica, se es más feliz sirviendo y transmitiendo vida a aquellos que se ven sin salida.

Introducción

"Más allá de un suicidio, respondiendo a los sobrevivientes" es una narrativa de un suicidio que ocurrió hace once años.

Cada título de los capítulos han sido frases narradas por diferentes sobrevivientes en consulta adaptados a la historia de la adolescente protagonista del relato. Así mismo, es un libro lleno de anécdotas vividas con ella. Preguntas sin respuestas. Dolor sin analgésico y extenuación ante el gigantesco monstruo del suicidio. Es lo que recogí de mi experiencia con mis pacientes sobrevivientes en consulta.

Cada capítulo inicia con la historia de *"ella"* y hace una pausa en la narración de su historia, conectando nuevamente con el nombre del capítulo (*frases de los sobrevivientes*) para dar comienzo a la explicación técnica sobre la problemática del suicidio desde diferentes áreas de la Suicidología. De esta manera, estaré brindando explicaciones y respuestas a los sobrevivientes con relación a la conducta suicida y sus concepciones. Nuevamente se conectan el texto, la historia real y el nombre del capítulo, concluyendo con una respuesta asertiva, positiva e inspiradora de reconceptualización del proyecto de vida para el sobreviviente. Además, al final de cada capítulo se brinda información adicional sobre algunos aspectos que se deben tener en cuenta para el cuidado del cerebro, de la salud mental y familiar. Pero antes de explicar cada capítulo, me gustaría aclarar un poco quiénes son los sobrevivientes del suicidio.

Un sobreviviente de suicidio no es alguien que ha intentado suicidarse. Es alguien que ha tenido un vínculo afectivo a nivel individual o colectivo; es un familiar, amigo, vecino, compañero o conocido de una persona que murió por suicidio. A estos sobrevivientes es que me dirijo en este texto.

Por otro lado, un sobreviviente de intento de suicidio es una persona que ha intentado morir por esta causa y ha sobrevivido. Estos términos a menudo se confunden, lo que perpetúa aún más el estigma a través de la incomprensión de lo que estos términos realmente significan.

Los sobrevivientes de suicidio describen la pérdida de su ser querido como una muerte distinta de cualquier otra: trágica, sin sentido, sin respuestas, revestida de impotencia, sin explicación, algo que no tiene nombre, y con un proceso de duelo completamente diferente a los demás tipos de muerte. Es indescriptiblemente devastador para el mundo del sobreviviente de suicidio.

Los títulos son frases tomadas de algunos pacientes sobrevivientes especiales. Sin embargo, cada frase tiene alguna emoción que experimentan *TODOS* los sobrevivientes, que puede ser la culpabilidad, la impotencia, la ira, el cuestionamiento a Dios, o las creencias preconcebidas sobre la muerte por suicidio, entre otras.

Capítulo 1: *"¿Por qué se suicidó?"* Es la pregunta más común de mis pacientes sobrevivientes. No entienden por qué sus familiares *"tomaron esa decisión"* y esto les genera un dolor inmanejable, quedan desorientados y perdidos en la vida. Durante los últimos ocho años he venido trabajando constantemente con sobrevivientes en diferentes espacios profesionales, y esta es la pregunta "reina". En este capítulo narro, en el primer párrafo, cómo recibo aquella trágica noticia y lo devastadora que fue para mí y mi familia este deceso; cómo las dudas, los cuestionamientos y la incertidumbre nos cubrieron por completo, y no entendimos el porqué de esa fatídica decisión. Especialmente, esta frase la tomé de una sobreviviente paciente del Sistema de Responsabilidad Penal que perdió a su padre por suicidio.

Capitulo #2: *"Un sentimiento de culpabilidad e impotencia abraza mi alma".* Esta frase la adopté de un paciente que perdió a su hijo por suicidio. Llegó a consulta queriendo encontrar una respuesta a la culpabilidad e impotencia que estaba experimentando hacía más de un año, desde que había ocurrido la tragedia. En una de nuestras conversaciones terapéuticas manifestó esta frase, la cual cautivó mi atención. Fue una descripción sublime a ese dolor e impotencia que estaba padeciendo y que más allá de sentirlo físicamente, era algo que le atravesaba su alma. El sentimiento de culpa e impotencia son las sensaciones y experiencias más comunes en los sobrevivientes. Siempre se piensa que se pudo haber hecho algo más y no se logró hacer. De igual forma, la impotencia que genera no saber qué pasó o por qué ocurrió lo que ocurrió, los lleva a generar sentimientos de ira, agresividad y malestar humano que se convierten en factores de riesgo; de ahí que la sensación de culpabilidad tome fuerza con el paso del tiempo.

Capitulo #3: *"Ella quedó en deuda conmigo..."* De las frases más significativas para mí en este manuscrito, debido a que esta afirmación la hizo mi tía, la madre de la protagonista de esta historia. Usualmente, los sobrevivientes sentimos que los que se fueron de esta manera quedan en deuda con nosotros. Esto ocurre porque, a pesar de que la persona tenía conocimiento del amor tan grande que les profesábamos *"no les importó dejarnos un dolor insostenible"*. Y cuando una persona que uno ama, le genera un dolor significativamente destructivo, entra en una deuda con la persona afectada. Este sentimiento de *"Deuda"* es muy frecuente en los sobrevivientes.

Capitulo #4: *"¿Dónde estaba Dios en ese momento?"* Este capítulo lleva como título otra de las frases comunes de los sobrevivientes creyentes. Por otro lado, una inquietud con la que arriban a consulta es la de querer encontrar una respuesta certera sobre si sus hijos se encuentran descansando o penando porque murieron por suicidio. La espiritualidad es el tema más álgido que tiene la Suicidología. Sin embargo, Dios siempre está presente en todo momento y me proporciona la luz y la sabiduría para poder llegar con una respuesta a cada uno de los sobrevivientes, sin generar ningún tipo de conflicto entre justicia divina o explicación científica relacionada con la espiritualidad, sino fundamentándome desde el amor, la misericordia y la gracia que nos brinda el Espíritu Santo. Esta frase la tomé de un paciente que perdió a su mejor amigo por suicidio y se cuestionaba sobre este aspecto; y también de una joven que me escribió a través de una de mis redes para preguntarme esto particularmente, después de perder a su hermana por esta causa.

Capitulo #5: *"¿Ahora dónde deposito tanto amor que me faltó por brindarle?"* De las preguntas que generan más dolor y cuestionamiento es ésta, *¿Qué hacer con todo este amor que me quedó por brindar?* Con todos los sobrevivientes que he tenido la oportunidad de conocer sus hermosas y penosas historias, este es el aspecto que más nos exige tiempo, creatividad y sabiduría. Encontrar una resignificación de un proyecto de vida sin ese ser amado es mortal para ellos. Sin embargo, logramos encontrar distintos caminos para iniciar la construcción de lo que será la nueva realidad. No es fácil, pero se han logrado unos encuentros misionarios y de propósitos bellísimos, donde los sobrevivientes logran depositar ese amor que faltó por brindar en proyectos familiares y sociales.

Capitulo #6: "¡Que egoísmo el tuyo!" La sensación de egoísmo es una de las expresiones con diferentes tipos de manifestaciones verbales, corporales y afectivas en consulta. Cuando los sobrevivientes logran entrar en sintonía conmigo, les pregunto: "¿Sí tuvieran la oportunidad de tener en frente a su ser querido qué le dirían? En su gran mayoría contestan estas frases: *"¡Qué egoísmo el tuyo! ¡Que egoísta fuiste! ¡Eres un egoísta!"* El sentimiento de egoísmo es muy natural en los sobrevivientes porque creen que sus seres amados no pensaron en ellos en el momento de "tomar esa decisión" que, en realidad, no es una decisión fundamentada en la racionalidad. Esta frase la tomé de una paciente que perdió a su esposo por suicidio, y cuando le hice la pregunta comenzó a llorar desaforadamente y pensó en realidad que él estaba allí y le reclamaba.

Capitulo #7: *"¿Ahora cómo enfrento la vergüenza del suicidio?"* La vergüenza es la característica principal de un deceso por suicidio en la familia. El 92% de las familias que me han consultado por esta problemática manifiestan sentir vergüenza al compartir la causa de muerte de su familiar. Le huyen al qué dirán, a los señalamientos y a las críticas causadas por un trabajo "mal realizado" Esta pregunta la tomé de una paciente que me manifestó que a nadie le diría el motivo de la muerte de su hijo, ya que le generaba vergüenza, y que todos creen que murió de un infarto.

Capitulo #8: *"La otra cara de la cobardía y la valentía"*. Esta afirmación es de las más coloquiales que existen en Suicidología. Es una de las preguntas frecuentes que me realizan mis pacientes sobrevivientes sobre qué pienso como terapeuta… ¿Valiente o cobarde, Silvana? Aunque pueda sonar muy caricaturesco, es una de las frases o conceptos que ni siquiera los mismos profesionales de la salud mental abordan de manera asertiva y acertada. Esta frase se la escuché a una colega que perdió a su hermano por suicidio y me consultó ... *¿Valiente o cobarde mi hermano?*

Capitulo #9: "Resiliencia: El dulce sabor de la tragedia". Usualmente, cuando los pacientes sobrevivientes ingresan a consulta no tienen idea de lo resilientes que son o que pueden llegar a ser. El proceso terapéutico ha demostrado ser muy útil y sutil ante este problema; con el paso del tiempo los pacientes se han ido dando cuenta de lo resilientes que son al afrontar la tragedia de una manera tranquila y receptiva, generando en ellos procesos con los cuales no contaban. Su dolor siempre estará allí, pero dejan de sufrir y es cuando la tragedia se vuelve llevadera. Esta frase la adopté de un padre de familia que encontré en un evento de Suicidología en México. No entendía la muerte de su hijo y estaba buscando respuestas en ese evento, sin embargo, pudimos establecer una conversación y me dijo que en ese momento había entendido que la resiliencia es el sabor dulce de la tragedia.

Capitulo #10: "Donde estés..." Esta pequeña frase de despedida es mía. Es una carta dedicada a ella; en la cual le expreso lo mucho que la extraño, lo hermoso

que fue ser parte de su vida, y lo mucho que me dejó
por hacer aquí en La tierra.

Prólogo

*A quienes el suicidio
les pasó una cuenta que no debían y nos
legaron un misterio
que la ciencia intenta develar*

Con relativa frecuencia, nuestro país se consterna con el incremento de los actos suicidas de nuestros adolescentes, situación que ha despertado solidaridad y la necesidad de estudiar y comprender este fenómeno.

El suicidio es un fenómeno complejo que ha atraído la atención de filósofos, teólogos, médicos, psicólogos, sociólogos y artistas a lo largo de los siglos, que, si bien nos ha permitido conocer su lado humano, pero al no estudiarlo en forma integral, nos ha alejado de la posibilidad de comprenderlo e infortunadamente, lo ha condenado a la discriminación y al rechazo.

A la conducta suicida se le considera ahora como un trastorno multidimensional que resulta de la compleja interacción de factores biológicos, genéticos, psicológicos, sociológicos y ambientales y no solamente, como la decisión voluntaria de quitarse la vida.

El estudio de los factores neurobiológicos de la conducta suicida fue iniciado por Marie Asberg en 1976, al correlacionar la disminución de las concentraciones de serotonina cerebral con las formas violentas de suicidio.

Sus hallazgos abrieron un sendero promisorio para entender, en una concepción más amplia, el comportamiento suicida y explorar la posibilidad de identificar marcadores biológicos que nos ayuden a predecir la aparición de las ideas de autoeliminación, disminuir las tasas de suicidio y aminorar el impacto emocional y psicológico que el intento de suicidio provoca en el paciente, en los familiares y en el núcleo social, incluyendo al personal médico y paramédico que ha tenido bajo su cuidado a los individuos que intentan o han muerto por suicidio.

Hoy en día, casi cincuenta años después de las observaciones de Asberg, la neurociencia ha identificado genes candidatos, alteraciones en la actividad de los neurotransmisores, hiperactividad del eje hipotálamo-hipófisis-suprarrenales, alteración en la conectividad neuronal, deficiencia en actividad de circuitos cerebrales, que conforman endofenotipos clínicos, como la impulsividad y el pesimismo, cuya interacción constituye el sustrato neurobiológico de la conducta suicida. De otra parte, estas alteraciones poseen un alto índice de transmisibilidad heredofamiliar y, desafortunadamente, son el resultado de eventos vitales graves experimentados en la infancia, por los niños que han sido maltratados o abusados o que han crecido en un ambiente de abandono emocional, psicológico o físico.

Los estudios epidemiológicos demuestran que las tasas mayores de suicidio se observan en pacientes con un rico historial de impulsividad, agresividad, competitividad e inestabilidad.

John Mann y María Oquendo proponen un modelo biopsicosocial para entender la conducta suicida al considerar que este comportamiento es el resultado de la interacción de los estresores vitales con una predisposición o vulnerabilidad (diátesis) y no la respuesta lógica a factores estresantes extremos. La impulsividad, la agresividad y la tendencia al pesimismo y a la desesperanza subyacen en toda conducta suicida y nos ayudan a comprender la alta prevalencia de suicidios que se observan en los enfermos con patología mental o afectiva y, así mismo, explican la razón por la cual no todos los individuos sometidos al mismo estresor, incluida la enfermedad mental, intentan suicidarse.

En varios de los capítulos de este libro, la doctora Velásquez analiza en forma sucinta y didáctica los hallazgos de este grupo de investigadores de la Universidad de Columbia, y los articula con los rasgos clínicos de la conducta suicida que pueden servirnos como señales de alerta, que no se pueden pasar por alto durante los procesos terapéuticos y, de esta forma, poder evitar los desenlaces fatales, la discriminación y la culpa.

Los estudios de investigación señalan que entre el 40 y 60% de las personas que mueren por suicidio consultaron al médico durante el mes anterior al mismo, circunstancia que seguramente se observa en los consultorios de psicología y, además, que en países donde los servicios de salud mental son precarios, la proporción de personas en crisis suicida que consultan a un médico general o a un psicólogo, tiende a ser mayor.

En los últimos años ha aumentado el suicidio en los ancianos. El 83% de los individuos que cometen suicidio en etapas tardías de su vida presentan un trastorno depresivo mayor, y con frecuencia cometen suicidio dentro del contexto de un primer episodio depresivo que hizo eclosión en la tercera edad; pero también es cierto que más del 50% de los ancianos que mueren por suicidio asistieron a consulta con su médico general en las dos semanas previas al desenlace fatal.

La doctora Velásquez describe en este libro los diferentes factores desencadenantes del comportamiento suicida, factores que por sí mismos no originan la conducta suicida, aunque estén ligados a ideas activas o no de muerte, como sucede en varios individuos frente a las situaciones difíciles de la vida diaria.

Entonces nos preguntamos: ¿qué origina la crisis existencial que lleva a un individuo a considerar el suicidio como la única solución a su drama vital? Rosa Montero, la periodista y escritora española, recipiendaria de varios premios, afirma en su libro *"El peligro de estar cuerda"* que para suicidarse hace falta una tormenta perfecta, que el camino que lleva al suicidio está empedrado de un millón de coincidencias, de circunstancias biográficas y ambientales, entre las que señala la orfandad temprana, la hiperexigencia, el perfeccionismo, el machismo reinante, la ambición desatada, el matoneo, el abuso, el abandono, el ideal imposible de un amor perfecto y una clara fragilidad psíquica, que sin lugar a dudas, como lo señalan la mayoría de los estudios clínicos, está ligada a la presencia de un trastorno mental o afectivo, como la depresión, el trastorno bipolar, el abuso de alcohol o de sustancias psicoactivas, trastornos que han sido abordados por la doctora Velásquez en uno de los capítulos de este libro.

La inmensa mayoría de los suicidas no quieren morir. La verdadera causa del suicidio es el temor de perder la cordura, a sentir que no se tiene el control de la vida. La crisis suicida, es un corto circuito, un apagón, como lo señala Rosa Montero, es un torbellino de coincidencias nefastas que cristalizan las ideas de suicidio.

La carta de despedida de Kurt Cobain, el vocalista de Nirvana, fallecido hace veintiocho años, ilustra la crisis existencial y la impotencia hacia la vida, que lo llevaron a tomar su fatal decisión: "Todo lo que me enseñaron en los cursos de punk rock que he ido siguiendo a lo largo de los años, desde mi primer contacto con la ética de la independencia y la vinculación con mi entorno ha resultado cierto. Ya hace demasiado tiempo que no me emociono ni escuchando ni creando música, ni tampoco escribiéndola, ni siquiera haciendo rock'n'roll. Me siento increíblemente culpable. Por ejemplo, cuando se apagan las luces antes del concierto y se oyen los gritos del público, a mí no me afectan como afectaban a Freddy Mercury, a quien parecía encantarle que el público le amase y adorase. Lo cual admiro y envidio muchísimo. De hecho, no los puedo engañar, a ninguno de ustedes, simplemente no sería justo ni para mí simular que me lo estoy pasando el 100% bien, sería el peor crimen que me pudiese imaginar. A veces tengo la sensación de que tendría que fichar antes de subir al escenario. Lo he intentado todo para que eso no ocurriese. (Y sigo intentándolo, créeme, Señor, pero no es suficiente). Soy consciente de que yo, nosotros, hemos influido y gustado a mucha gente. Debo ser uno de aquellos narcisistas que sólo aprecian las cosas cuando ya han ocurrido. Soy demasiado sencillo. Necesito estar un poco anestesiado para recuperar el entusiasmo que tenía cuando era un niño. En nuestras tres últimas giras he apreciado mucho más a toda la gente que he conocido personalmente que son fans nuestros, pero a pesar de ello no puedo superar la frustración, la culpa y la hipersensibilidad hacia la gente. Sólo hay bien en mí, y pienso que simplemente amo demasiado a la gente. Tanto, que eso me hace sentir jodidamente triste. El típico piscis triste, sensible, insatisfecho, ¡Dios mío! ¿Por qué no puedo disfrutar? ¡No lo sé! Tengo una mujer divina, llena de ambición y comprensión, y una hija que me recuerda mucho como había sido yo".

La carta postrema de Cobain parece respaldar nuestras observaciones clínicas en nuestras consultas o en las clínicas psiquiátricas, observaciones que son descritas por Rosa Montero en forma sencilla y con su singular estilo, "Yo diría que casi todos los suicidios son desesperados, irracionales, patológicos. No es que no les guste la vida: es que no consiguen gestionarla. Pienso que la mayoría de los suicidas no quiere matarse; simplemente se sienten incapaces de seguir viviendo... Digamos que han perdido el conocimiento de cómo se vive, de la misma manera como el enfermo de Alzheimer pierde un día el conocimiento de cómo se anudan sus zapatos".

La prima de la doctora Velásquez, la protagonista de este libro, nunca mostró intenciones de morir y al parecer disfrutaba su adolescencia, pero no sabemos qué precipitó la crisis que la llevó a considerar el suicidio como una solución en medio del caos existencial; qué ocasiona la pérdida del control de sus emociones y afectos que se escapan como el agua entre las manos.

Varias investigaciones que han analizado el contenido de las redes sociales de adolescentes que sucumbieron al suicidio no han encontrado mensajes concretos sobre su intención suicida… pero sí es cierto que los mensajes o las actitudes y comportamientos como el cyberbulling o el sexting, incrementan los sentimientos de aislamiento y abandono, merman la autoestima e incrementan la sensación de vacío, los sentimientos de culpa y la vivencia de no tener el control de su vida emocional y afectiva.

La decisión de quitarse la vida suele ser personal y está condicionada por varios factores. A juzgar por las cartas dejadas por las víctimas suicidas, no es posible identificar un solo factor que conduzca al suicidio. Más bien, esto se debe a una serie de circunstancias adversas y al sentimiento de necesidades afectivas y vitales insatisfechas. Por ello, es preciso abordar el suicidio dentro de un contexto social más amplio, buscando causas que puedan explicar las tendencias al suicidio en diferentes grupos sociales.

Durkheim postuló en 1897 que los suicidios son un indicador sensible de la integración social, es decir, a mayores tasas de muerte por suicidio, se observan mayores niveles de desintegración social dentro de una población determinada.

En contraste con el modelo médico que asume que las enfermedades son universales e invariables en tiempo y lugar, las construcciones sociales enfatizan la manera como los sistemas sociales y culturales configuran el significado y la experiencia de la enfermedad. Así, la interpretación del llamado constructivismo social difiere de los enfoques deterministas de la enfermedad y podría ayudarnos a ampliar nuestra visión y la forma en que tomamos decisiones políticas para prevenir situaciones específicas como la conducta suicida y la salud mental.

Cada vez más, la exclusión social se identifica como un problema grave, digno de atención por parte de la sociedad y la academia. Cuando alguien ve rebajada su postura social, aumentan los riesgos de depresión y las conductas suicidas.
Los riesgos de suicidio son mayores en las personas excluidas por sus grupos. La inclusión y la equidad son buenas para todos pero difíciles de lograr, ya que implican compromiso, un sentido de pertenencia que no es egocéntrico, es decir, es necesario apostar también por los demás y no solo por uno mismo. Durkheim, así como los investigadores contemporáneos, está de acuerdo con este enfoque: Nada en la sociedad sucede de forma aislada.

Según Durkheim, las causas que precipitan las conductas suicidas son de naturaleza social y están íntimamente ligadas a la falta de integración entre los individuos y las sociedades. Como resultado, existen sociedades suicidas.

El suicidio anómico es una expresión de la alteración del orden social o de la desregulación de los mecanismos sociales, que conduce a la desorientación individual y a la pérdida del sentido de la vida. Este es el tipo de suicidio que caracteriza a la sociedad moderna y refleja mejor la influencia de los ciclos económicos, tal como se ha observado durante las recientes crisis financieras en Francia y Grecia, y como resultado de la pandemia por COVID-19.

Los grupos poblacionales más sensibles a la discriminación social y a la anomia son los adolescentes y los ancianos, precisamente los grupos en que son más frecuentes tanto los intentos de suicidio como los suicidios consumados.

El cerebro del adolescente sufre cambios maravillosos para adecuarse a los nuevos estímulos ambientales y endógenos, que se manifiestan en mayor plasticidad, incremento de las conexiones de las redes de dopamina, el neurotransmisor relacionado con el aprendizaje y el placer, que le permiten convertirse en un cerebro social, para buscar integrase al grupo y acometer retos en bien de los otros y de la sociedad. Estos cambios cerebrales, descritos por la doctora Velásquez, resultan ineficaces en los adolescentes que han sido abusados o ignorados en la infancia o que son excluidos de los grupos sociales por comportamientos como el matoneo o el sexting. Adolescentes que cada día deben afrontar la crisis existencial de sentirse aislados, ignorados, segregados e incapaces de poder desarrollar su tejido social, situación que se hace intolerable, y en el momento menos pensado, inclusive para ellos que viven un infierno diario, los lleva a la crisis suicida.

La soledad es un desencadenante de la conducta suicida, especialmente en ancianos enfermos o discriminados socialmente. Valores culturales profundamente arraigados como la individualidad y la creencia de que la vida es nuestra propiedad, refuerzan la sensación de aislamiento, traen soledad y aumentan el riesgo de suicidio.

El sentimiento de no ser comprendido es común entre quienes piensan en suicidarse o lo intentan. Cerca del acto suicida, las personas pierden el control casi por completo y sus mentes ya no están claras; disminuyen la precisión de juicios y actos y aumenta el riesgo. Estos son los casos en los que nada impedirá que ocurra el suicidio

La conducta suicida constituye un grave problema de salud pública. Tanto el suicidio como su prevención son temas complejos aún no explicados del todo por las ciencias de la salud, incluidas la psiquiatría y la psicología. En la conducta suicida confluyen múltiples factores sociales de riesgo y desencadenantes, que exigen la participación de otras disciplinas como la antropología social, la epidemiología, la sociología, la teología y la religión, para comenzar a comprender cómo ha evolucionado nuestro pensamiento y nuestros tratamientos y también las respuestas de las comunidades frente a los suicidios colectivos.

El suicidio es un problema grave de salud pública y no solamente una reacción emocional frente a una situación vital. Es un fenómeno que requiere nuestra atención y la necesidad de desarrollar actividades para prevenirlo. Aunque se trata de una tarea difícil, las investigaciones recientes indican que la prevención del suicidio es posible y debe comprender actividades que van desde la provisión de las mejores condiciones posibles para la educación de jóvenes y niños y el tratamiento eficaz de trastornos mentales, hasta el control medioambiental de los factores de riesgo.

El núcleo de la prevención del suicidio es dar la bienvenida y reintegrar a la comunidad a quienes han intentado el suicidio, pero también a los sobrevivientes que perdieron a un ser querido y se sienten desorientados, aislados, señalados, discriminados y culpables, para hacerlos sentir como miembros respetados y valiosos del grupo social. Esta estrategia, también debe aplicarse a cualquier persona que padezca una enfermedad mental o un trastorno afectivo.

La doctora Velásquez señala la importancia de acompañar, apoyar y ayudar a los sobrevivientes del suicidio a encontrar un nuevo significado tanto a la conducta suicida como a su propia existencia. Tarea que realmente no es fácil, dada la intensidad de los sentimientos de culpa y de impotencia que albergan los deudos. Para ellos es difícil aceptar que la vida bella, diáfana, con un futuro promisorio de su ser querido se haya transformado de un momento a otro, y sin poder evitarlo, en un mar de ruinas, en un caos existencial.

Rosa Montero señala que "el suicidio emborrona retroactivamente toda la vida; tendemos a considerar que la existencia entera del fallecido ha sido una tragedia, como si este mal final lo envenenara todo, cuando no es verdad: como hemos repetido hasta la saciedad, la mayoría de los suicidas ama vivir y ha disfrutado de muchos momentos hermosos", y añade más adelante, "El suicidio es dramático, desde luego, porque implica una muerte; pero es el resultado de una enfermedad, de una desconexión eléctrica del cerebro, como la que sobreviene cuando te da un infarto. Quiero decir que no creo que debamos añadir un tormento de culpabilidades fantasmales a la pura y sagrada pena de la desaparición del ser querido".

El suicidio debe preocupar a cualquiera que promueva la seguridad. Esto significa entender el suicidio como una forma de accidente donde las deficiencias de las estructuras sociales circundantes tienen una influencia decisiva. Así tuve la oportunidad de plantearlo en el capítulo que escribí para responder a la invitación que me hiciera el profesor Maurizio Pompili, para evaluar las estrategias comunitarias en la prevención del suicidio.

De otro lado, los tabúes deben ser reemplazados por una prevención efectiva. Una historia completa del proceso de suicidio, distinta de la de la enfermedad mental, debe formar la base para la identificación, el refuerzo y el desarrollo posterior de las estrategias de afrontamiento ya existentes en el paciente.

Con especial destreza, la doctora Velásquez plasma en el libro su vasta experiencia en su tarea apostólica de prevenir el suicidio, los resultados de sus ingentes trabajos desarrollados durante varios años de compromiso y dedicación plena, con la utilización de diferentes recursos, entre ellos la colaboración de los medios de comunicación, que afortunadamente le han mostrado su respaldo en estas acciones preventivas y han dejado de lado el enfoque sensacionalista de los suicidios y, obviamente como fruto de su juventud y experticia, la utilización de las redes sociales.

Así lo han entendido la Organización Mundial de la Salud y la Asociación Internacional para la Prevención del Suicidio (IASP) quienes desarrollan actualmente varios programas para prevenirlo, entre ellos el de organizar cada año en la primera semana de septiembre el día internacional para la prevención del suicidio, campaña en la cual la doctora Velásquez y su fundación Anda colaboran estrechamente, con especial dedicación y entusiasmo.

Ser mentor de una persona inteligente, comprometida, estudiosa, afectuosa, emprendedora, es un reto inmenso que, dejando a un lado la exaltación de nuestro ego, constituye una experiencia maravillosa y enriquecedora porque, al igual que los diferentes entrenadores, nos convertimos en cuidadores, consejeros, estimuladores, pero también en soñadores que compartimos con entusiasmo y especial deleite la tarea de nuestro discípulo, tarea que nos llena de orgullo y de íntima satisfacción. Estos sentimientos los experimenté en forma intensa y llenaron mi espíritu con una especial elación cuando el Claustro Doctoral de México, le concedió el título de Doctora Honoris Causa a la doctora Velásquez.

Con relativa frecuencia quienes abordamos el estudio y prevención de la conducta suicida somos sobrevivientes del suicidio de alguno de nuestros familiares o de alguno de nuestros pacientes.
Sobreponerse a esta crisis y sublimarla en un texto que sea guía para quienes sufren trastornos afectivos o crisis emocionales, para quienes el fantasma del suicidio los atemoriza constantemente o para quienes sobreviven, huérfanos y desorientados la pérdida de un ser querido que dejó un proyecto de vida, es una tarea que muestra la capacidad de entrega y las excelsas virtudes humanas que alberga el corazón de

la doctora Velásquez. Es un testimonio y un llamado a prevenir, a acoger, a consolar y a acompañar…

Jorge Enrique Téllez
Médico psiquiatra
Fundador Asociación Colombiana de Psiquiatría
Biológica
Bogotá, noviembre de 2022

1. *¿Por qué se suicidó?*

Aprendí que no se puede dar marcha atrás,

que la esencia de la vida es ir hacia adelante.

La vida, en realidad, es una calle de sentido único.

Agatha Christie

Era un domingo, un día lleno de regocijo y expectativa familiar; era mi regreso a Colombia después de haber vivido varios años en el exterior; ¡todo era felicidad, planes, dicha y emoción! Pero todo cambió.

Tuve la oportunidad de hablar con ella tres días antes de mi regreso, no identifiqué ninguna señal de alerta por la cual tuviera que alarmarme, todo lo contrario, era una niña llena de amor, vida y alegría, aún recuerdo que me compartió un secreto... *"¡Es un secreto prima, te vamos a hacer una fiesta de bienvenida en la finca de mi tía, pero ya sabes! ¡No digas nada! Es un secreto entre las dos; estamos muy felices con tu regreso."* Estas palabras hoy día siguen llenando de esperanza mi corazón. Así mismo, evoco aquellas últimas frases que cruzamos antes de dar por terminada la llamada telefónica, le manifesté *"Pórtate juiciosa mi modelito, te quiero mucho"* y su respuesta, jocosa como su personalidad, fue *"Juiciosa como siempre prima, yo también te quiero"* …

Revivo ese 15 de mayo del 2011 con un dolor insondable, una noche mística y silenciosa, era mi sensación desde que abordé el avión hasta mi llegada a Colombia… *¿Por qué? ¡No lo sabía aún!*

En el momento en que el avión aterrizaba todos los pasajeros comenzaron a aplaudir, incluso mi pequeño hijo aplaudía sin tener conocimiento de por qué lo hacían, y era tanta su emoción que me preguntó *"¿Mami, porque no aplaudes?"* Y le contesté "No sé." Y me pregunté a mí misma *"¿Por qué no aplaudo? ¿Acaso no estoy feliz?"* Era un presentimiento latente. En ese instante, mientras el avión buscaba donde aparcar, sentía muchos deseos de llorar, llorar de manera desgarradora, no entendía esa sensación. Sin embargo, todo lo asemejé con el hecho de estar dando un nuevo giro a mi vida; eran sensaciones de tristeza, angustia, miedo, entre otras. Era eso lo que me aterrorizaba, ninguna fue una sensación positiva. Una noche para recordar toda la vida debido a múltiples sensaciones manifestadas en mi interior, sin justificación alguna, reitero.

Una llamada telefónica daría la respuesta a esas extrañas sensaciones que me generaron una vez toqué suelo colombiano en el aterrizaje; una llamada, que pensé sería el saludo más fraterno por parte de mi madre a ofrecerme una bendecida y amable bienvenida, se constituiría en la noticia más dolorosa y penosa de los últimos tiempos para mí. Al iniciar la conversación, alcanzo a escuchar murmullos y silenciosos sonidos de desesperación, llanto y angustia tratando de disimular mientras hablaba mi madre por teléfono, era mi familia.

Me encontraba en camino hacia el apartamento en Bogotá y durante el recorrido trataba de persuadir a mi madre para que me contara qué estaba sucediendo, preguntaba insistentemente *"¿Quién llora? ¿Quién llora? ¿Qué ha pasado?"* Al percibir que algo no andaba bien, comencé a preguntar de manera desesperada y angustiada el porqué de esos murmullos y llanto de los que se encontraban con mi madre…. *"¿Qué pasa, mamá? ¿Qué sucede?"* …y ella, en medio de querer ocultarme tan dura realidad, decía en medio de una voz sollozante y cargada de pena … *"No pasa nada. Solo quería saber cómo habías llegado"* y yo, en medio de mi desesperación por no poder convencerla de que sabía que pasaba algo y que no me lo querían compartir, comencé a experimentar la angustia y la ansiedad de un golpe fuerte que vendría a noquearme. Sin embargo, fue tanta la presión que ocasioné en ella que lo manifestó: *"¡Sííí! ¡Algo terrible ha pasado!, algo muy doloroso, hija… ¿Cómo pensar que la vida pueda terminar en un segundo? ¡Lo siento…!"*

Eran las 7:30 p.m. cuando el avión aterrizó, hora exacta de la trágica muerte de un ser muy amado que jamás pensé que iba a morir de esa manera. Una forma de morir, la cual había escuchado que existía por personajes famosos, políticos, entre otros, pero nunca como una opción de muerte para alguno de mis seres queridos.

Una partida violenta que para muchos es la resolución a sus problemas, para otros es un pecado mortal o la vergüenza más descomunal que existe en la faz de la tierra: el suicidio.

¿Cómo poder digerir lo indigerible? ¿Cómo llamar a lo que no tiene nombre por su nombre? ¿Cómo entender que esa niña alegre y hermosa había "tomado esa decisión" tan descabellada? Al momento de escuchar *"Se quitó la vida"* entré en un estado de shock, no entendía qué sucedía a mí alrededor, sentía que estaba levitando y nada existía, entré en un estado de embotamiento. Llegamos al apartamento y me encerré

en una habitación, lancé el teléfono contra la pared y volaron mil pedazos por lado y lado, pero nada se comparaba a los pedazos de mi corazón que estaba roto sin saber qué hacer en ese momento para recoger lo que quedaba. No entendía nada, me senté en la cama, me paré, me senté en el suelo, me volví a parar, una vez más me senté, hasta que comencé a gritar *"¡¡¡Nooo!!! Nooo ¡No es cierto!! ¡Eso no es cierto!!!¿Suicidio? ¡No! ¡No! ¡Ella No! No puede ser, ¡¡¡es una mentira!!! Hace poco hablé con ella, estaba feliz, me estaba esperando, ¿Qué pasó?... ¡Es mentira! Ella jamás pudo haber atentado contra su existencia"* y terminé tendida en el suelo, inundada en un océano de lágrimas y unos minutos después cuando había conciliado un poco la calma en medio de mi estado, me pregunté con cierto letargo *"¿Por qué se suicidó? ... ¿Por qué se suicidó? ..."*

El suicidio es un fenómeno global, con significado existencial, impactante, que afecta todas las esferas de la sociedad y que ha acompañado al hombre durante toda su existencia (Forensis, 2015) y se ha convertido en un tema recurrente en los medios de comunicación locales, nacionales e internacionales, no tanto por las campañas de prevención realizadas por diferentes sectores sociales, sino por sus tasas de incidencia que año tras año han ido aumentando.

Según la Organización Mundial de la Salud (OMS, 2004), en el mundo se suicida una persona cada 40 segundos y por cada suceso hay 20 intentos fallidos. Se estima que para el 2030, la depresión será una de las principales causas del suicidio.

Cuando se genera un suicidio, no solo se afecta el individuo ocasionándose la muerte a sí mismo, sino que afecta una familia entera, una sociedad en general. Todas las personas circundantes al suicida se comienzan a cuestionar de una u otra manera *¿Qué fue lo que pasó? ¿Por qué elegir el suicidio? ¿Cómo pudo hacernos esto? ¿Por qué no pensar en su familia?* Entre un sinnúmero de interrogantes más.

Cuando las personas afectadas se cuestionan de esta manera no está mal, ni es descabellado, es solo reacción de una tragedia inexplicable que se vive en un momento inesperado.

El suicidio es mucho más que la respuesta de un impulso en un momento de desequilibrio mental. El suicidio es una enfermedad del cerebro (Arango, 2013). Es también una enfermedad social (Durkheim, 1979) acompañada de muchos factores que hacen que el individuo que se encuentra en una encrucijada no tenga otra salida sino la de la autoeliminación.

Cuando se afronta un suicidio, de una manera inminente se comienzan a experimentar miles de sensaciones y vergüenzas causadas por este tipo de muerte. *¿Por qué mi prima escogió esta forma de morir si era tan alegre? ¿Por qué mi prima con tan solo dieciséis años decide morir de esta trágica manera?* Posiblemente no encontremos una respuesta contundente y científicamente comprobada para responder un interrogante que incluso el mismo individuo suicida que haya sobrevivido a un intento fallido respondería: "*¡no sé porque lo hice!, fue un impulso*". Muchas veces y con algunos testimonios de personas que han intentado suicidarse me he dado cuenta de que el suicidio, aunque se vea como la respuesta de un impulso es sin duda la mezcla de muchos factores que causan este fatídico desenlace. El suicidio es multicausal, aunque existen cuantiosos estudios biológicos donde se explica de una manera científica el porqué de un suicidio, siempre quedará un sinsabor de la causa real que originó este final, y me atrevo a decir que nunca se sabrá. Lo único que podemos hacer con todos estos casos de suicidios, y en la investigación del fenómeno desde la perspectiva social, es identificar patrones conductuales o señales de alerta y a través de estos realizar una temprana prevención y apropiada intervención.

Las personas no deciden suicidarse porque quieran hacerlo, toman esta opción como respuesta a un desequilibrio químico- mental acompañado de factores sociales que hacen que pierdan todas sus fuerzas y se sientan frágiles e impotentes para sobreponerse a tal situación; pero *¿por qué no todos se suicidan ante una situación difícil?* Aunque no estamos exentos de tomar una decisión como la del suicidio, es una opción que se considera bajo condiciones de irracionalidad mental, ya sea por el déficit, descontrol o desconexión de unos neurotransmisores o por algún factor social, cultural, entre otros. Al llegar a ese instante trascendental donde se toma la decisión de quitarse la vida, se hace bajo un desequilibrio mental, o sea que no hay la claridad necesaria para ejecutar una toma de decisiones correctamente. Nadie, absolutamente nadie, de manera consciente se va a quitar la vida; el ser humano por naturaleza siempre responderá al instinto de supervivencia, y en el suicidio no sería la excepción.

Según la Dra. María Oquendo (2014), científica psiquiatra de la Universidad de Columbia (EE. UU.) explica que el suicidio es causado por una alteración biológica y que todos los individuos que "han decidido quitarse la vida" en algún momento, si hubieran asistido a un profesional de la salud mental, hubieran sido diagnosticados con algún tipo de trastorno mental. De la misma manera confirma esta teoría la Dra. Victoria Arango, neurocientífica del Instituto Psiquiátrico de New York, quien ha realizado múltiples estudios en cerebros suicidas. Insiste la Dra. Arango que el suicidio es una enfermedad del cerebro y que el 60% de las personas que han fallecido por esta causa hubieran sido diagnosticables en algún momento de sus vidas. Aunque la Dra. Arango atribuye gran parte de la decisión de cometer suicidio al funcionamiento cerebral, no deja a un lado la importancia de los factores sociales en el momento de la toma de la decisión.

He conocido muchas personas circundantes a mi vida que tomaron la decisión de quitarse la vida y ahora no están para ofrecer sus testimonios, y esto no fue una coincidencia, no pasa porque *"era su día"* o *"porque así lo decidió él o ella"* o *"fue un impulso"* o *"así lo quiso Dios", entre* otras frases comunes. El suicidio es más que esa muerte tenebrosa y trágica de la cual todos quieren evitar hablar, es sencillamente la explosión de una máquina que venía presentando fallas con anterioridad y nadie pudo hacer nada por evitarlo. Quizás en algunas ocasiones se pudo haber evitado y en otras no.

En un caso de un trastorno mental como el trastorno afectivo bipolar (TB), que es una enfermedad crónica e intermitente caracterizada por variaciones en el estado de ánimo que conforman síndromes depresivos, maniacos o hipomaniacos (Téllez, Molinello, 2008, p, 13, p1), un 15% recurrió al suicidio y no se pudo evitar un desenlace fatal en esta clase de pacientes por más que se hubiera luchado para prevenir este flagelo.

Muchos escritores expresan que el suicidio en tiempos pasados en occidente constituía a un acto vergonzoso para la familia; era sinónimo de debilidad, de enfermedad, de conducta inadecuada y, por eso mismo, pocos o casi nadie daba a conocer el motivo de muerte de su ser querido (Guarnizo, 2015). Esto es cierto, pero no estaría tan de acuerdo con esta afirmación dejándolo solo en el pasado. Aún sigo pensando y confirmando con los casos que manejo en el consultorio, que el suicidio se sigue visualizando como sinónimo de vergüenza, debilidad, enfermedad y de conducta inapropiada que tiene un individuo, según la sociedad. Sin embargo, se sabe mucho más ahora sobre el suicidio que lo que conocían las anteriores generaciones y hay una conciencia mucho más amplia en nuestra cultura occidental y simplemente estamos documentando lo obvio (Acero,

2011, pag.45, p. 4), pero aún este fatídico hecho tiene que seguir enfrentándose a la estigmatización negativa que ha tenido de generación en generación de una forma menos grotesca y diabólica, pero que la gente aún no está preparada para abordar de una manera natural como se aborda cualquier otro tipo de enfermedad física, como lo es un cáncer, una diabetes o un problema cardiaco. Mucho menos, están preparados para afrontar la muerte por suicidio y todo lo que acarrea esta decisiva determinación.

Para todos los sobrevivientes que se preguntan porque sus seres amados tomaron la opción del suicidio y quedaron vacíos por la pérdida, lastimados por la decisión que tomaron sus seres queridos, impotentes por no poder devolverles la vida y recibir una respuesta del porqué de tal decisión; a ustedes sobrevivientes lectores, les diría que la condición humana es muy compleja y nos presenta constantemente situaciones muy desafiantes en nuestro diario vivir. Un suicidio no es justificable, pero tampoco es cuestionable. Es sencillamente el resultado de algo que no pudimos observar y que ellos tampoco lograron identificar.

¿Por qué se suicidó? Fue lo primero que se me vino a la mente cuando logré conciliar un poco la calma, en

medio de mi espeluznante estado. *¡Ahora entiendo un poco!*

Murió por suicidio, debido a que sus circuitos cerebrales estaban alterados en un momento decisivo en su vida, en el que no tuvo las fuerzas suficientes para luchar por ella. No estaba pensando racionalmente. Fueron muchos los factores que predominaron en su fatal decisión. No fue solo un detonante, un impulso, o un problema familiar el que hizo que ella tomara la decisión de morir por suicidio, sino que existía algo más, quizás un problema de depresión no visualizado, o un trastorno afectivo bipolar no diagnosticado, o algún desorden emocional... ¿Quién sabe?... Y aunque exista un componente genético, biológico, psicológico, contextual que haya sido predominante en el momento de su muerte, siempre guardaré en mi corazón ese ser bueno, honesto, alegre, divertido como lo era ella, una jovencita de tan solo dieciséis años a la que le faltó mucho por vivir y experimentar, pero que debido a su última determinación (quizás no la más acertada) tomé la decisión de prepararme profesionalmente para identificar a tiempo señales de alerta para potencializar vida en la humanidad.

Ella vino como un ángel mensajero a esta tierra para dejar en mí una misión de vida, identificar señales de alerta en personas con esta clase de situaciones; y fue a través de su vida y de su muerte que he podido generar acciones en la prevención del suicidio, sobre todo en adolescentes. Sus bellos recuerdos, sus fotografías y el poder compartir sus experiencias de vida con toda la sociedad, me ayudarán a subsanar esa herida que dejó en mi alma… Y Aunque sé que ella no volverá, ya me queda esta pregunta resuelta.

Sobrevivientes:

A continuación, brindaré algunos aspectos importantes a tener en cuenta con relación a lo que he venido manifestando. Asimismo, aprovisionaré información con relación al desarrollo del cerebro adolescente.

Esto nos ayudará a entender un poco esos cerebros inmaduros y desequilibrados que ya no están, y nos ayudará a aprender a manejar a los que siguen a nuestro lado. Aprender un poco sobre el desarrollo del cerebro adolescente sirve para poder sumergirse en ese profundo océano de cambios en el que ellos viven:

Aspectos a tener en cuenta en un evento suicida:

-Al conocer un evento de suicidio de algún familiar o amigo es normal sentir tristeza, impotencia, preguntarse por las razones, recordar la última vez que se vieron, lo que hablaron, negarse a aceptar la realidad. Lo anterior hace parte de una primera fase del duelo. Aquí cobra valor reconocer que toda persona reacciona de manera diferente ante tragedias, dados sus mecanismos de afrontamiento: llorar, gritar, golpear objetos, encerrase o al contrario, reaccionar de forma contraria, sin expresión alguna de dolor visible, o también de forma más resignada aceptar el evento no reversible.

Recordemos que las fases del duelo van desde la negación, ira, negociación, depresión y resolución o aceptación según la Dra. Kübler Ross.

Cuestionarse es natural, buscar ayuda, apoyo emocional es fundamental para generar alivio corporal y mental ante la noticia inesperada.

En todas las ocasiones donde se vive un duelo por el fallecimiento de alguien debido al suicidio, es necesario encontrar ayuda terapéutica para comprender la naturaleza de un fenómeno humano estudiado por décadas. El suicidio consumado es en sí el resultado de una gama de factores interrelacionaos desde la misma fisiología, personalidad y entorno social y cultural.

A partir del análisis de la conducta suicida y los hechos consumados, se puede concluir que todos tuvieron alguna afectación en sus circuitos cerebrales, algo así como un corto circuito se originó en sus inmaduros cerebros. Afectaciones que surgieron desde lo fisiológico, anímico, algún trastorno mental no diagnosticado a tiempo, tuvieron algún antecedente (crisis vital) en algunas de sus etapas de desarrollo (infancia y adolescencia). Eventos vitales estresantes que muy posiblemente la familia desconocía. Es decir, la ideación suicida viene generándose de manera silenciosa desde temprana edad. De esta manera, la ideación suicida viene involucrando, según Witness Lee, las tres áreas del ser humano: físico, mental y espiritual.

-Hablar del suicidio es fundamental pero difícil. Es un paso que todo sobreviviente debe dar para lograr encontrar perdón y reconciliación con lo inevitable, con sus propias emociones que muchas veces se evitan. Sentirse vulnerable y aceptar la humanidad que lo caracteriza es prioridad para adentrarse a comprender el suicidio y actuar para mejorar.

-Considerar al suicidio como un evento desencadenado por múltiples causas, evitando señalar a familiares y personas del entorno cercano, es una fase de reconocer los riesgos a los que todos se exponen, sin distinciones. Todo ser humano puede llegar a considerar terminar con su vida optando por el suicidio, pero ahí es donde emergen las habilidades que cada uno tiene para saber gestionar sus emociones y sentimientos, la responsabilidad que tenga con su salud, el reconocer que existe apoyo especializado y tener la posibilidad de acceder a dicho servicio público o privado. Por lo anterior es tan importante prevenir en salud mental y promover la misma con acciones concretas diarias.

Cerebro adolescente: ¿Sabías que hay cambios grandes e importantes que ocurren en el cerebro durante la adolescencia?

No soy una experta en el campo de la neurología, pero llevo un cuantioso tiempo de mi carrera trabajando con los adolescentes en riesgo suicida y sus padres, como terapeuta. Ha sido increíble lo mucho que he podido aprender de sus maravillosos y desequilibrados cerebros, ya que el cerebro de un adolescente está en un estado único de desequilibrio (Thompkins, 2022).

Interactuar con los adolescentes me ha permitido entender cuáles son sus principales tareas de desarrollo, donde incluyen el establecimiento y el fomento de relaciones íntimas y el desarrollo de la identidad, las perspectivas futuras, la independencia, la confianza en sí mismo, el autocontrol y las habilidades sociales.

Muchos padres no entienden por qué sus adolescentes ocasionalmente se comportan de una manera impulsiva, irracional o peligrosa. A veces, parece que los adolescentes no piensan bien las cosas o no consideran completamente las consecuencias de sus acciones. Los adolescentes difieren de los adultos en la forma en que se comportan, resuelven problemas y toman decisiones. Hay una explicación biológica para esta diferencia. Los estudios han demostrado que los cerebros continúan madurando y desarrollándose a lo largo de la infancia y la adolescencia y hasta bien entrada la edad adulta temprana (ACAP,2016).

Un estudio de Konrad, Firk y Uhlhaas (2013) afirma que *"los científicos han identificado una región específica del cerebro llamada amígdala que es responsable de reacciones inmediatas, incluido el miedo y el comportamiento agresivo. Esta región se desarrolla temprano. Sin embargo, la corteza frontal, el área del cerebro que controla el razonamiento y nos ayuda a pensar antes de actuar, se desarrolla más tarde"*. El estudio también considera otros cambios en el cerebro durante la adolescencia, entre los que se incluyen un rápido aumento en las conexiones entre las células cerebrales y hacer que las vías cerebrales sean más efectivas. Además, el cerebro adolescente pasa por una fase de plasticidad, en la cual los factores ambientales pueden tener efectos importantes y duraderos en este cambiante circuito cerebral. Debido a que los adolescentes son tan fácilmente influenciados por las emociones, pueden beneficiarse del aprendizaje en un contexto emocional positivo que está diseñado intencionalmente para entrenar la regulación emocional; pero de la misma manera, son altamente influenciables en un contexto negativo. Afortunadamente la regulación emocional y las estructuras cerebrales responsables de ella están influenciadas por las interacciones entre padres e hijos. Todos estos cambios son esenciales para el desarrollo del pensamiento, la acción y el comportamiento coordinados de los adolescentes.

El *National Institute of Mental Health* (Instituto Nacional de Salud Mental) nos enseña 5 aspectos que debemos tener en cuenta sobre el cerebro del adolescente:

El cerebro alcanza su mayor tamaño en la adolescencia temprana: El cerebro de las niñas alcanza su mayor tamaño alrededor de los 11 años, mientras que en los niños ocurre alrededor de los 14 años.

El cerebro continúa madurando incluso después de que deja de crecer: Aunque el cerebro puede haber dejado de crecer, no termina de desarrollarse y madurar sino hasta que se tiene unos 25 a 30 años

El cerebro adolescente está listo para aprender y adaptarse: El cerebro de los adolescentes tiene mucha plasticidad, lo que significa que puede cambiar, adaptarse y responder a su entorno. Las actividades académicas o mentales desafiantes, el ejercicio y las actividades creativas, como el arte, pueden ayudar al cerebro a madurar y aprender.

Muchos trastornos mentales aparecen durante la adolescencia: Los cambios continuos en el cerebro, junto con los cambios físicos, emocionales y sociales, pueden hacer que los adolescentes sean vulnerables a problemas de salud mental. Todos los grandes cambios que experimenta el cerebro pueden explicar por qué la adolescencia es una época en la que pueden surgir muchos trastornos mentales, como esquizofrenia, ansiedad, depresión, trastorno bipolar y trastornos alimentarios.

El cerebro adolescente puede ser más susceptible al estrés: Debido a que el cerebro adolescente todavía está en desarrollo, los jóvenes pueden responder al estrés de manera diferente que los adultos, lo que podría originar trastornos mentales relacionados con el estrés, como ansiedad y depresión.

Pautas para tener en cuenta con los adolescentes
Les comparto algunos aprendizajes que me han proporcionado mis pacientes adolescentes en consulta:

Escucha activa: si algo me han dejado claro mis pacientes en consulta, es que ellos buscan ser escuchados con atención.

Evitar las comparaciones: una de las situaciones que les genera malestar humano, son las comparaciones constantemente con sus hermanos o amigos. Las comparaciones contribuyen en el deterioro de su autoconcepto y amor propio.

Entender que nuestros adolescentes no son perfectos: nuestros adolescentes se equivocan constantemente, debemos enseñarles la importancia de la toma de decisiones y el saber asumir sus consecuencias. Aunque esto nos genere dolor y sintamos que debemos protegerlos, hay que permitirles que ellos asuman las consecuencias de sus actos.

Construir límites: es de vital importancia que en la convivencia familiar exista una serie de normas para respetar. También es trascendental que el adolescente conozca cuáles son las consecuencias de saltarse esas normas.

Ser sincero con ellos: la sinceridad es una herramienta que no solemos utilizar mucho con los adolescentes. Cuando somos sinceros, nos comunicamos de manera asertiva y honesta con ellos; fortalecemos vínculos afectivos y protegemos sus cerebros.

Validación emocional: para los adolescentes es muy importante que se les valide sus emociones, sin juzgar y sin prejuicios. En caso de identificar que sus emociones y su dolor son inmanejables, es importante buscar ayuda profesional.

Algunas preguntas que nos pueden ayudar para identificar el riesgo suicida, sugeridas por la Organización Mundial de la Salud:

CÓMO PREGUNTAR:	CUÁNDO PREGUNTAR:	QUÉ PREGUNTAR:
¿Se siente infeliz o desvalido?	*Después de que se ha establecido una empatía y la persona se siente comprendida.*	*Para descubrir la existencia de un plan suicida:* *¿Alguna vez ha realizado planes para acabar con su vida? ¿Tiene alguna idea de cómo lo haría?*
¿Se siente desesperado?	*Cuando la persona se siente cómodo expresando sus sentimientos*	*Para indagar sobre el posible método utilizado:*
¿Se siente incapaz de enfrentar cada día?	*Cuando la persona está en el proceso de expresar sentimientos negativos de soledad, impotencia.*	*¿Tiene pastillas, algún arma, insecticidas o algo similar?* *Para obtener información acerca de si la persona se ha fijado una meta:*
¿Siente la vida como una carga?		*¿Ha decidido cuándo va a llevar a cabo el plan de acabar con su vida? ¿Cuándo lo va a hacer?*
¿Siente que la vida no merece vivirse?		

2. *Un sentimiento de culpabilidad abraza mi alma...*

En dos palabras puedo resumir

cuánto he aprendido acerca de la vida:

Sigue adelante.

(Robert Frost)

Como lo manifesté en el capítulo anterior, días antes del fatal 15 de mayo, tuve la que sería nuestra última conversación. No identifiqué ninguna señal que me permitiera reconocer algún problema, al contrario, estábamos planeando lo que íbamos a realizar para mi bienvenida en casa materna, entonces...

¿Por qué me siento culpable de su suicidio? ¿Pude haberle ayudado? No entiendo porque me siento así ¿Me debo sentir culpable por una "decisión" que tomó ella? No lo sé, pero es un sentimiento de culpabilidad que abraza mi alma...

El suicidio de un ser querido puede llevar a una familia a compartir su dolor y darse consuelo y apoyo mutuamente, pero esto puede dificultarse si los miembros de la familia no tienen en cuenta las diferentes maneras de afrontar el duelo o se culpan entre sí por la muerte (Acero, 2011, p,122, p, 2).

Es muy normal que cuando ocurre un suicidio, los familiares, amigos y sociedad en general piensen que pudieron haber hecho algo para prevenir esa tragedia o que algo que hicieron o dijeron pudo haber tenido efecto en el lamentable desenlace. A pesar de saber que ante un suicidio no existen culpables, es inevitable experimentar el sentimiento de culpa asociado a esta forma de morir; esto hace parte del duelo por suicidio.

De alguna manera ante un hecho como este, la gente cree que existen culpables. Los sobrevivientes comienzan a sentir de una manera injusta el estigma y la vergüenza que trae consigo el suicidio y esto los hace sentir culpables.

Los inicios de la sensación de la culpa se generan al pensar que su ser amado se sintió solo, desesperado, angustiado, en una encrucijada y no pudo hacer nada para evitarlo. Después del hecho consumado empiezan los cuestionamientos que, de manera inmediata, hacen sentir culpable a cada uno de los circundantes del ser querido fallecido. *"¡Dios mío…no le presté atención a mi hijo! ¡Es mi culpa! ¡Él no estaba bien! ¡Pude haberlo ayudado! ¡Si lo hubiera interrogado más! Quería hablar conmigo, pero no le presté atención...Estaría aquí conmigo si lo hubiera escuchado. No identifiqué a tiempo lo que me quería manifestar"*, son algunas de las múltiples manifestaciones de mis consultantes. No obstante, en un suicidio no existen culpables, ni siquiera nuestros seres queridos que partieron fueron conscientemente culpables de la decisión que tomaron.

El suicidio es multicausal, esto significa que no se le debe atribuir a una sola causa el hecho fatídico. El Psicólogo Clínico Paulo Daniel Acero en su libro *"Sobrevivir al suicidio"*, a diferencia de las científicas anteriormente nombradas, manifiesta un aumento en el porcentaje de estudios que tienden a mostrar que cerca del 90% de las personas que mueren por suicidio, presentaban, en algún nivel, un trastorno psiquiátrico o emocional en el momento de su muerte. Aunque esto no sea 100% definitivo, el porcentaje es significativamente alto. Sin embargo, entiendo a algunos sobrevivientes cuando sienten esta profunda tristeza que con los días toma fuerza y se convierte en culpa. Algunos de mis consultantes me han compartido que se sienten culpables porque en algún momento sus seres queridos dieron señales de que algo andaba mal; en otras palabras, percibieron cambios conductuales, pero no hicieron nada. Entre los cambios conductuales o emocionales se pueden mencionar: una tristeza constante después de ser una persona alegre y espontánea, desinterés en las actividades cotidianas después de ser una persona activa en sus quehaceres diarios, pérdida de la motivación en lo que anteriormente causaba placer o emoción en esa persona, conocido como "anhedonia", avisos constantes como *"me quiero morir"*, *"estarían mejor sin mí"*, *"soy un estorbo"* y *" no valgo nada"*, cuando estas frases se presentan debemos estar vigilantes. Sin embargo, no quiere decir que todas las personas que expresen o manifiesten esta clase de ideas inconformes estén contemplando la autoeliminación como opción de resolución de conflictos, pero si estas frases van acompañadas de cambios conductuales persistentes debemos prestarle la atención adecuada para actuar de una manera oportuna.

Pensar que no hicimos nada por prevenir el suicidio de ese familiar o amigo genera tristeza. Sentir culpa hace parte del duelo por suicidio y eso lo hace normal, que a diferencia de otras formas de morir es más complejo de superar, debido al sentimiento de culpabilidad que queda en los familiares o amigos. Algunas personas, además de sentirse culpables sienten que no tienen derecho a vivir, a ser felices o a rehacer sus vidas después de afrontar la muerte de ese familiar.

Además, como parte de alimentación de la culpa, siempre existirá el estigma social y el señalamiento que lo único que logra es destruir. En muchas ocasiones evidenciamos suicidios por imitación, los cuales se llevan a cabo por que los sobrevivientes sienten que no pueden superar la partida de su ser querido, lo que se convierte en un factor de riesgo.

Muchas personas desconocen que la conducta suicida es un grave problema de salud pública y una de las primeras causas de muerte en todo el mundo (Guía Clínica, 2010), igualmente desconocen que, tal como una enfermedad física tiene fases, la conducta suicida también las tiene, y así todo lo concerniente al fenómeno. Es de gran importancia que la sociedad en general se encuentre informada acerca del tema para poder trabajar en la prevención de una manera articulada y para que, a través del tiempo, poco a poco desaparezca el estigma que trae consigo el suicidio.

En Suicidología existe algo conocido como el factor *"detonador, disparador o precipitante",* coloquialmente: *"la gota que rebosó la copa".* Es el hecho "responsable" de todo suicidio según la sociedad… *"¿Y por qué se mató? ¡Es que terminó con el novio!"* o *"Peleó con el papá"* o *"Tenía deudas"* y un sinfín de frases conocidas, rumores y afirmaciones mal intencionadas, con las que tienen que luchar diariamente los sobrevivientes. Justificaciones efímeras que comienzan a buscar para explicar un hecho inexplicable; las personas comienzan a tergiversar información y a buscar culpables donde no los hay. Un factor precipitante es aquella situación que coadyuvó a que la persona, en un momento de desequilibrio cerebral-emocional muriera por suicidio. Sin ser esta la única causa responsable del evento. Contrario a lo que se piensa, la existencia de un motivo no desencadena habitualmente un acto suicida de inmediato, por impulso, sino que el individuo comienza a dar una serie de señales en su conducta que de manera general se traducen en cambios de todo tipo (Pérez, 1999). Es de recordar que los factores que predisponen al suicidio consumado son muchos, e incluyen trastornos psiquiátricos preexistentes y factores facilitadores biológicos y psicosociales (Sossa, 2010). Ahora bien, ¿Cuáles pueden ser esos factores precipitadores o detonadores? Ser objeto de burla o de acoso en alguno de los entornos donde se convive a diario; ser despedido de su trabajo, ser castigado por no haber aprobado un año académico, abuso de sustancias psicoactivas, etc. Todo lo anterior genera cierta presión y desequilibrio emocional, cuyo manejo, de acuerdo con la capacidad de resolución de conflictos o la capacidad de resiliencia que tenga el individuo para asumir la situación, herramientas psicosociales trascendentales y potencializadoras de vida, será determinante para salir victorioso de un proceso difícil.

Ante el complejo tema del suicidio me he encontrado en consulta con características muy similares en los padres de niños y adolescentes que han muerto por suicidio, quienes manifiestan sentir una ira inmensa con ellos mismos y con sus hijos. Primero, con ellos mismos por haber tenido todo en sus manos para haberlos salvado de ese fenómeno monstruoso que llegó a sus vidas y les arrebató la tranquilidad de su dinámica familiar; y segundo, ira con sus hijos por haberles causado este dolor tan grande. En algunas ocasiones, los padres comienzan a culparse uno al otro. En muchos casos, las parejas han tomado la decisión de separarse por no poder superar el suceso. El sentimiento de culpa que les genera este hecho es un motivo suficiente para tomar la decisión de no continuar con su relación conyugal. En otros casos, algunos de los progenitores se refugian en el alcohol y demás sustancias psicoactivas. Por otro lado, otras parejas o cuidadores continúan con su vida conyugal, pero con una dinámica completamente disfuncional; y así muchas fracturas familiares más. Lamentablemente no tuvieron la capacidad de resiliencia ni adoptaron un estilo de afrontamiento para la reconstrucción del tejido familiar nuclear… Igual, ¡No es fácil!

Algunos padres de familia me consultan porque quieren entender como fallaron como padres o cuidadores. Una pareja de padres sobrevivientes me relató lo siguiente: *"Necesitamos entender la decisión de nuestro hijo, porque para nosotros no es lo mismo que él se quitara la vida, a que hubiera perdido su vida en un accidente automovilístico, por enfermedad o quizás por otra causa, diferente al suicidio. No entendemos. Nos sentimos muy culpables"*. Fue el relato de esta pareja, pero como esas expresiones, sobreabundan en la consulta. Por más que como especialista quiera contribuir en el aprovisionamiento de respuestas a mis pacientes sobrevivientes que puedan ayudarles a entender *"la decisión"* de sus hijos, es complejo. Sin embargo, explicar a estos padres desesperados que no hay un culpable directo o concreto en este trágico episodio, y que son muchas las vertientes que conllevan a una persona a *"tomar la decisión de quitarse la vida"*, es un bálsamo para sus almas, mengua el dolor y el sentimiento de culpa, ya que van asimilando que fueron muchas las situaciones que conllevaron a su hijo a morir por suicidio.

¿Cómo poder ayudar en el manejo de la culpa a una madre que ha perdido a su niña de dieciséis años por este trágico hecho? ¿Cómo ayudar a los padres de familia de niños menores de catorce años que murieron por suicidio? Siempre los oriento en el sentido de que para procesar el sentimiento de culpa es apropiado que hablen de sus sentimientos con alguien de confianza, para que obtengan una perspectiva realista sobre ellos (Pérez, Acero, 2013). Asimismo, les recomiendo hacer un buen uso del tiempo y ocuparlo en actividades que purifiquen y fortalezcan el espíritu y contribuyan en un proceso de duelo apropiado, como la meditación, la contemplación y la oración.

En una de mis consultas, recuerdo que una madre que perdió a su hija por suicidio me manifestó: *"Le soy muy sincera, por más que trabajemos y trabajemos en terapia, acerca de mi sentimiento de culpa, siempre me sentiré así, culpable de la muerte de mi hija, solo que es una culpabilidad con la que puedo vivir ya y no me hace sufrir y me deja ser vital. Pero siempre me sentiré culpable. Ya que ella quiso hablar conmigo y no la atendí"*

La búsqueda de la paz interior es el principal objetivo para trabajar la culpa. De modo que, aunque se siga llevando consigo, se logre recuperar la vitalidad del ser que quedó al compartir la historia de vida de ese ser que ya no está, sus vivencias y recuerdos que quedan, ayudará a sanar el alma de esa culpabilidad que destruye. Preguntarse a sí *mismo ¿Qué me vino a enseñar...?* De esa manera, se comienzan a construir estrategias de promoción de vida y estilos de afrontamiento. Así como, la resignificación de un nuevo proyecto de vida.

Dejar de alimentar la idea de que lo que dijo o dejó de decir, o lo que hizo o dejó de hacer hubiese podido cambiar el desenlace de esa tragedia, es crucial para la recuperación de la paz interior y sobre todo del perdón a sí mismo. Pensar que, aunque actuemos ante algunas señales que nos alertan del riesgo de un suicidio, es frustrante que no se puedan evitar algunos. De cualquier forma, nunca podremos llegar a un punto cero de suicidios, aunque sí son muchos los que se pueden evitar.

A todos mis pacientes padres de familia sobrevivientes y sobrevivientes en general: *"Los padres de familia tienen una gran responsabilidad en la tierra: proteger, orientar y formar a sus hijos hasta el último día de sus vidas. Que las decisiones no acertadas de sus hijos no los recargue de culpa cuando se ha llevado a cabo un buen rol de cuidador. Para aquellos que quizás no lo han realizado de la mejor manera, nunca es tarde.*

Siempre existirá una segunda oportunidad. Se puede transmitir vida, a través de una historia de muerte."

¿Por qué tiene que quedar sentimiento de culpa en el padre o en la madre? Ningún padre o madre quiere que su hijo llegue a esos límites ¿Quién tiene la culpa? ¿Quién tiene la fórmula para ser el padre perfecto? No se enseña a ser padres, todos los padres cometen errores y después de cada error llega otro y otro; y así se vive en un constante aprendizaje. Nadie quiere cargar con el peso de la culpa del suicidio de un hijo; es solo cuestión de autoevaluarse y comenzar a fortalecer aquellos aspectos en los que se identifique que existían falencias.

… ¿Por qué me siento culpable de su suicidio? ¿Pude haberle ayudado? No entiendo porque me siento así, es un sentimiento de culpabilidad, es una sensación extraña que abraza mi alma…

A pesar de tener esa extraña sensación, ahora comprendo que la culpa hace parte de mi proceso de duelo. Es un estilo de afrontamiento a esta trágica muerte y, aunque la mayoría de las veces esta situación sobrepasa esas fibras dolorosas a las personas que lo sufren, se debe entender por encima de todo que se tiene que sentir esa parte de la culpa; mirándola de frente y sintiéndola propia; que si genera la necesidad de llorar o gritar se puede hacer, pero con la convicción de que ese sentimiento que abraza el alma llamado culpa es parte del duelo y se debe afrontar.

Lo más importante es liberarte de la culpa del suicidio de un ser querido, comprender que no hay nada que pudieras haber hecho, y que con tus pensamientos y sentimientos afectas a los que han quedado. Se puede repetir la historia (Pérez, 1999). Vivir el duelo diciendo a todos abiertamente que el familiar se ha suicidado, incluso a los hijos de una manera responsable o buscando apoyo profesional, es un camino apropiado para sobrellevar la carga de la culpabilidad.

Es importante que, aunque no compartamos la decisión de ese familiar que se fue, se debe respetar su decisión como parte del perdón hacia ese ser; entendiendo el suicidio como una forma de morir y no solo como una decisión. Eso es un gesto de amor con ellos y con nosotros: *"Respeto tu decisión y siempre seguirás viviendo, en mi corazón»* (Rodríguez, 2016).

Ir hacia la vida con proyectos, metas y sueños, respetando el destino del familiar que se ha suicidado, siendo consciente de que en la medida en que se lleve una vida con propósito, se honra el destino del que ha muerto; de esa manera su muerte no ha sido en vano.

Fomentar el vínculo con el familiar fallecido haciendo algo en su memoria que involucre a otras personas (ONG, Fundación, etc.) es una muestra de amor y de reparación a un daño propio.

Por este motivo, hoy, *después de 11 años,* me siento libre de culpa. Sé que en algún momento pude haberla ayudado, pero no estuve ahí. Pero ahora estoy aquí, apoyando a todas las personas que sufren esta misma tragedia, generando planes de acciones para prevenir este flagelo, nutriéndome cada día en mi formación académica para contribuir de una manera científica y empírica a todos aquellos que sufren en carne propia, el suicidio.

Para todos mis lectores sobrevivientes: una parte importante de la reconstrucción del tejido de sus vidas es la de aceptar la muerte de ese ser querido. Sin culpas, sin reproches ni cuestionamientos, porque al aceptar su partida, mengua el sufrimiento y, cuando comienza a disminuir el sufrimiento, comienzan a reaparecer las ganas de vivir. Aunque el dolor se lleve por siempre.

Sobrevivientes:

A continuación, brindaré algunos aspectos importantes a tener en cuenta para el manejo de la culpa. Les ayudará a subsanar un poco ese sentimiento y entenderlo.

En mis pacientes sobrevivientes de suicidio y los que han intentado morir por suicidio, uno de los problemas que subyace, es la dificultad para conciliar el sueño; un problema similar que tuvieron sus seres queridos que ya no están. En este mismo capítulo, quiero compartir información vital para el cuidado cerebral que les ayudará a comprender la importancia del sueño para la prevención de la conducta suicida.

Algunos de los aspectos para tener en cuenta para el manejo de la culpa:

-No juzgarse o cuestionar cuando ocurre un suicidio de un familiar o amigo cercano, es normal pasar por estas etapas del duelo como la negación misma del evento y el cuestionamiento constante para saber el porqué. Sin embargo, hoy día manejamos el duelo, más que en sus etapas, como la adquisición de tareas.

-Al ser conscientes de la importancia de no juzgar ni juzgarse, se puede reconocer que existen múltiples detonantes del hecho consumado, entre ellos alguna enfermedad considerada grave o vergonzosa, una enfermedad mental, factores psicosociales, entre otros.

-Reconocer las señales de alerta es una acción preventiva para los sobrevivientes y comunidad en general, el foco está en reconocer el fenómeno a nivel general y entrar a la prevención de la conducta.

-Evitar ser quien juzgue a otros y quien sea señalado, la clave es reconocerse como humanos con errores y con la capacidad de comunicarse de forma asertiva.

-Fortalecer habilidades personales como la resiliencia es fundamental para el núcleo familiar.

-Buscar apoyo profesional es fundamental para que las familias logren recuperar su estabilidad emocional y familiar. La comprensión del suicidio como un evento multicausal, contribuye en esa estabilización. Además de ser partícipes de un trabajo de duelo participativo de forma natural fortalecerán su resiliencia y habilidad de estar en el presente, disminuyendo la rumiación constante del pasado y, más bien, intentar verlo con autocompasión y perdón, sin pretender eliminar emociones que llegan al recordar al familiar fallecido.

-Cada sobreviviente debe reconocer que la culpa hace parte de los recursos internos que posee cada individuo en el momento del evento. Indudablemente, hace parte de este proceso que, si bien se gestiona en la resolución de la pérdida, puede perdurar su recorrido doloroso de culpa. Pero al transformarlo en oportunidad de cambio puede generar opciones positivas en diferentes áreas de la vida, es decir, efectos resilientes por encima de todo.

-Generar cambios a nivel mental y social también se traduce en generar acciones propias de prevención del suicidio y de participación en iniciativas que promuevan la salud mental.

-Encontrar la forma de perdonar implica ver la situación desde puntos de vista estratégicos; algunos orientados a la espiritualidad, otros a las causas científicas fisiológicas o incluso darle un giro a la muerte por suicidio y comprenderla como otra forma de morir.

El sueño y su importancia en la salud mental

El sueño es una parte fundamental en el ser humano para el mantenimiento de su salud mental y funcionalidad diaria. Sin sueño no se pueden formar ni mantener las vías del cerebro que le permiten aprender y crear nuevos recuerdos y es más difícil concentrarse y responder rápidamente (Sunni,2017). Según el Instituto Nacional de Trastornos Neurológicos y Accidentes Cerebrovasculares (*National Institute of neurogical Disorders and Stroke)*, muchas estructuras cerebrales están involucradas con el sueño, tales como; el hipotálamo, el tronco encefálico, el tálamo, la glándula pineal, el prosencéfalo basal y la amígdala.

La forma en la que se entrelazan el sueño y la salud mental se hace aún más evidente al revisar lo que se sabe acerca de la forma en que el sueño está vinculado a una serie de afecciones específicas de salud mental y trastornos del desarrollo neurológico. Según *La Fundación Americana del Sueño,* estas afectaciones a nivel mental son:

Trastornos de ansiedad:

Los trastornos de ansiedad tienen una fuerte asociación con problemas para dormir. La preocupación y el miedo contribuyen a un estado de hiperexcitación en el que la mente está acelerada, el cual se considera un contribuyente central al insomnio. Los problemas de sueño pueden convertirse en una fuente adicional de preocupación, creando ansiedad anticipatoria a la hora de acostarse, lo que hace que sea más difícil conciliar el sueño.

Los problemas para dormir no son solo el resultado de la ansiedad. Las investigaciones indican que la falta de sueño puede activar la ansiedad en personas con alto riesgo de padecerla y que el insomnio crónico puede ser un rasgo predisponente entre las personas que desarrollan trastornos de ansiedad.

Trastorno bipolar:

El trastorno bipolar implica episodios de estados de ánimo extremos que pueden ser altos (manía) y bajos (depresión). Los sentimientos y síntomas de una persona son bastante diferentes dependiendo del tipo de episodio; sin embargo, tanto los períodos maníacos como los depresivos pueden causar un deterioro importante en la vida cotidiana. En las personas con trastorno bipolar los patrones de sueño cambian considerablemente dependiendo de su estado emocional. Durante los períodos maníacos generalmente sienten menos necesidad de dormir, pero durante los períodos deprimidos pueden dormir en exceso. Las interrupciones del sueño a menudo continúan cuando una persona está entre episodios.

Depresión:

Se estima que más de 300 millones de personas en todo el mundo tienen depresión (OMS, 2021), un tipo de trastorno del estado de ánimo marcado por sentimientos de tristeza o desesperanza. Alrededor del 75% de las personas deprimidas muestran síntomas de insomnio y muchas personas con depresión también sufren de somnolencia diurna excesiva e hipersomnia, que es dormir demasiado. La investigación ha encontrado que muchas personas con depresión experimentan cambios en sus patrones de sueño antes del inicio de un episodio.

Históricamente, los problemas para dormir se veían como una consecuencia de la depresión, pero la creciente evidencia sugiere que la falta de sueño puede inducir o exacerbar este problema del estado del ánimo. La dificultad para identificar causa y efecto claro refleja lo que se cree que es una relación bidireccional en la que los problemas del sueño y los síntomas depresivos se refuerzan mutuamente.

Si bien esto puede crear un ciclo de retroalimentación negativa (la falta de sueño empeora la depresión que luego interrumpe aún más el sueño), también abre una vía potencial hacia nuevos tipos de tratamiento para la depresión. Por ejemplo, para al menos algunas personas, un enfoque en mejorar el sueño puede tener un beneficio para reducir los síntomas de la depresión.

El 85% de mis pacientes que ingresan a consulta por diferentes tipos de sintomatología, en especial síntomas del riesgo suicida, tienen problemas en sus ritmos de sueño. La alimentación apropiada y unos adecuados hábitos de sueño hacen parte del plan de trabajo para lograr adherencia al tratamiento. Nuestra prioridad en consulta es proteger el cerebro a través del sueño restaurador y la alimentación para una óptima salud cerebral y mental.

Pautas para proteger la salud del sueño

Aquí les brindo cinco de las pautas que trabajo en consulta con mis pacientes.

Hacer ejercicio por la mañana (no en la noche):

El ejercicio es una de las mejores maneras para que su cuerpo encuentre naturalmente el camino hacia un sueño profundo. Un estudio de ejercicio y sueño realizado por la *Universidad Estatal de los Apalaches* rastreó a tres grupos de personas que hacían ejercicio 3 días a la semana, uno a las 7 a.m. otro a la 1 p.m. y otro a las 7 p.m. y mostró que los participantes que obtuvieron el sueño más profundo y largo (también conocido como el mejor sueño) fueron aquellos que hicieron ejercicio por la mañana. Las personas que hacen ejercicio temprano en la mañana pasan un 75% más de tiempo en una etapa de sueño restaurador profundo que aquellos que hacen ejercicio más tarde en el día.

Aliméntese apropiadamente:

Una dieta deficiente es un doble golpe cuando se trata de dormir. No solo genera sensación de cansancio y lentitud, sino que también inhibe la capacidad para dormir bien. Una dieta saludable y rica en triptófano permite a nuestro cuerpo obtener serotonina, conocida como la hormona de la felicidad. La serotonina, además de modular el estado de ánimo, regula funciones como la digestión o el sueño. Esto significa comenzar el día con un desayuno nutritivo y ser juicioso con esas comidas en las noches. Los expertos aconsejan que se debe cenar al menos 3 horas antes de acostarnos para garantizar un buen sueño.

Apague la tecnología:

Según la *Fundación Americana del Sueño*, *"La mayoría de las personas tienen una rutina nocturna que implica ver la televisión para relajarse o ponerse al día en las redes sociales antes de acostarse. La luz azul emitida por estos dispositivos bloquea la liberación de melatonina después de solo una hora y media de uso por la noche, lo que dificulta conciliar el sueño"*

Los televisores, los computadores, las tabletas, los teléfonos inteligentes, deben estar por fuera de la habitación.

Higiene del sueño:

No fumar o beber demasiada cafeína en las últimas horas del día.

No beber demasiado alcohol.

Implementar terapias de relajación una o dos horas antes de ir a dormir.

Mejoramiento del entorno para dormir:

Este método ofrece diversas maneras para crear un entorno cómodo para dormir:

- Mantener la habitación tranquila.
- Mantener la habitación oscura.
- Mantener la habitación fresca.
- Ocultar el reloj de la vista.
- Mantener sábanas en colores claros.

3. ¡Ella quedó en deuda conmigo!

"Merecemos la vida, dándola"

(Tagore)

Una de las inquietudes que me surgió después de su muerte fue *¿Qué estará pasando por la mente de sus padres?* Especialmente por la de su madre, ya que la consideraba más que su hija, su confidente, su niña loca, traviesa, alegre, pero sobre todo su pedazo de cielo en la que podía confiar plenamente, la compañera para rezar el santo rosario, a la que le tapaba sus pilatunas para que su padre no se diera cuenta, la princesa con el nombre más hermoso del universo, la reina de su corazón… *"¿Qué pasa por tu mente madre triste y desolada con la partida de tu princesa a otro mundo debido a esta lamentable forma de morir?"* le pregunté, y aquella madre devastada contestó… *"¡Ella quedó en deuda conmigo!"*

Cuando ocurre un suicidio son muchos los sentimientos y sensaciones que comienzan a aflorar después de ese hecho inexplicable. Se debe tener claro que la muerte de un ser querido por suicidio, aparte de ser un golpe inesperado, trágico y doloroso, causa muchos interrogantes que podrían ser resueltos o por lo menos trabajados si se recurre a una oportuna ayuda profesional.

La frase o expresión *"Ella quedó en deuda conmigo"* es una de las múltiples sensaciones con las que quedan muchos padres de familia cuando su ser querido parte de este mundo de esta manera. La frase hace referencia a inconformidad, dolor, ira, sentimientos reprimidos por no poder realizar esas preguntas que quedaron sin respuestas, porque ya esa persona no volverá.

En una de las definiciones de "deuda", la real academia española expresa que "es una obligación moral contraída con alguien", y en este caso ella se fue adeudándole algo a su madre… *"¿por qué me hizo esto?" "¿Por qué tomar su vida por nada?" "¿Por qué no confió en mí si tenía problemas o inconvenientes que hacían de su existir un dolor incurable?"*

Es entendible que los padres experimenten estas sensaciones y expresen estas frases de inconformidad y dolor o que se cuestionen durante toda la vida. Pero, hay información que deben de conocer antes de llegar a la conclusión que esa persona se fue en deuda. De acuerdo con la investigación sobre este tipo de muertes, debe comprenderse que, usualmente, quien fallece de tal manera no quería morir, sino solo poner fin a un dolor que en ese momento le parecía intolerable (Acero, 2015, p. 49). La adolescencia en el plano social representa un período enormemente conflictivo, confuso e incluso se concibe como apropiada la idea de considerarla un período turbulento, sobre todo hoy día, cuando el adolescente se enfrenta a un mundo cambiante (Coleman, 1993).

Muchos padres desconocen lo que sus hijos realizan por fuera de sus hogares. En el caso de los adolescentes, ellos se encuentran en una etapa llena de cambios, tanto físicos como psicológicos, se encuentran en un grupo de edad de más alto riesgo en relación a la soledad. Como consecuencia de esto surge la necesidad de búsqueda constante e insaciable de identidad en ellos, lo cual los hace cometer muchos errores; y esa búsqueda de inclusión los hace vulnerables en la mayoría de las ocasiones (Barón, 2000).

Existen adolescentes que no corren con mucha suerte y encuentran una identidad ficticia que los lleva a cometer errores con consecuencias muy lamentables. A través de mi experiencia con testimonios de adolescentes que han sobrevivido a un intento de suicidio, puedo corroborar que existen jóvenes que pierden su horizonte al encontrar personas no adecuadas o pertinentes en este proceso, individuos que hacen que estos jóvenes, que se encuentran ambivalentes en el proceso de dejar su infancia e ingresar al desafiante mundo de la adultez, se equivoquen de camino y escojan el menos adecuado. Por eso es trascendental fortalecer principios y valores en los hogares para que se conviertan en habilidades para la vida de ellos; para que cuando lleguen a esta etapa que muchos tildan de la "edad difícil" sea una etapa agradable y fácil de acompañar, que los jóvenes puedan defenderse de los desafíos que esta vida moderna les ofrece sin compasión.

Morir por suicidio en la infancia o adolescencia es sencillamente incomprensible, descabellado y terrorífico. Pero más que ser algo inexplicable desde todas las esferas, se puede llegar a la conclusión que la persona que murió por suicidio necesitó ayuda, y que quizás por la falta de conocimiento e información previa no se actuó de una manera oportuna.

… ¡Ella quedó en deuda conmigo! No se puede quedar en deuda con alguien cuando no se debe nada. No se queda en deuda con alguien cuando se sufrió en silencio y nadie lo percibió. En varias ocasiones, ni la propia victima pudo reconocer que necesitó ayuda (relatos de pacientes que intentaron morir por suicidio)

No se queda en deuda con alguien cuando ese ser querido amó profundamente, pero no pudo hacer nada para evitar lo inevitable; que se equivocó, actuó de una manera precipitada, pero que no tuvo los recursos internos para afrontar la adversidad. No se puede desconocer que esta forma de morir no la origina una sola causa, sino muchas que hicieron en ella a una persona vulnerable e irracional en ese momento decisivo en su corta vida.

No se va realmente una persona de este mundo cuando, a través de su memoria y su historia de vida, se inyecta ganas de existir, motivación por el estar aquí y fuerzas para luchar el día a día en la alimentación de la misión del ser humano aquí en la tierra. Así sea difícil respirar tu ausencia.

Sobrevivientes:

Les quiero compartir que una de las actividades que más disfrutaba con ella era escuchar música. Aún recuerdo el nombre de una de sus canciones favoritas para el tiempo que ella partió: *"Una vida loca"* disfrutaba mucho la música y el baile. Hoy día entiendo la importancia a nivel cerebral sobre estas actividades.

¿Has notado cómo la música que escuchas generalmente está relacionada con tu estado de ánimo?

Cuando estás feliz, usualmente eliges música que tiene un ritmo animado y contagioso, mientras que cuando estás triste, escuchas algo que es más melancólico.

Para muchos de nosotros la música es una gran inspiración y acompañante cuando estamos trabajando, estudiando, haciendo deporte, conduciendo, relajándote o cambiando el estado de ánimo. Pero científicamente hablando, **¿cómo afecta la música a nuestro cerebro?**

La música nos conecta con nuestras emociones y recuerdos, y muchas veces nos ayuda a descifrar la forma en que realmente nos sentimos. Del mismo modo, con la música comunicamos sentimientos, emociones y pensamientos que queremos manifestar en algún momento particular de nuestras vidas.

La música está considerada entre los elementos que causan más placer en la vida, ya que libera **dopamina** en el cerebro, como también lo hacen la comida y el sexo. ¿Y qué es la dopamina? Es una sustancia química cerebral (neurotransmisor) que nos brinda felicidad, placer y motivación, también está presente en diversas áreas del cerebro y es muy importante para la función motora del organismo. Transmite las señales entre las neuronas y controla las respuestas mentales, emocionales y las reacciones motoras (Morales, 2022). Por eso es que hay una conexión tan importante con el baile. Según la literatura, la música tiene efectos fisiológicos sobre las funciones cognitivas, la presión arterial, el ritmo respiratorio y el ritmo cardíaco; solo tenemos que escuchar una canción que nos genere diversas emociones, e inmediatamente podemos ser espectadores de como los sistemas anteriormente mencionados comienzan a tener efecto. En conclusión, la música afecta a nuestro organismo y a nuestras emociones tanto de forma positiva como negativa.

El neurólogo y neurocientífico argentino Facundo Manes afirma que el área de la salud se vale de la música con el fin de mejorar, mantener o intentar recuperar el funcionamiento cognitivo, físico, emocional y social, y ayudar a lentificar el avance de distintas condiciones médicas. Durante la implementación de una guía clínica que diseñé en mi consulta para el tratamiento de pacientes con conducta suicida, pude corroborar la correlación planteada por el Dr. Manes, debido a que a través de la MBCT (Terapia cognitiva basada en Mindfulness), que consiste en la atención plena en el hoy y el ahora, la música hace parte de uno de los componentes de esta terapia en mi guía clínica, logrando ayudar a mejorar al 82% de mis pacientes del dolor emocional. Pues al estar concentrados en la música, su atención no iba dirigida al estímulo doloroso y la sensación de sufrimiento disminuía. La música interviene directamente en el sistema nervioso causando algún tipo de efecto positivo. El solo hecho de escuchar música (en este caso, música relacionada con la MBCT) ayudó a la gran mayoría de mis pacientes con sus diversos malestares humanos por los cuales ingresaron a la consulta, y parte de esta mejoría se debió a la generación de nuevas redes neuronales (neuroplasticidad cerebral). La meditación y la relajación se constituyeron en factores fundamentales para la mejora del estado de ánimo y otros muchos beneficios a nivel neurológico. En el transcurso de un año con esta terapia el 82% de mis pacientes que participaron, 60 pacientes con diferentes tipos de alteraciones, lograron su equilibrio emocional y mental, y sus ideas de suicidio disminuyeron. Y es que no solo la música brinda beneficios a nivel neurológico; según un estudio de la Universidad de Utah asegura que la música aumenta nuestra capacidad de responder más rápido ante diversos estímulos sensoriales y nos ayuda con nuestros procesos de memoria, atención, creatividad e imaginación. Asimismo, asegura que la música nos permite conocer cómo nos sentimos para poder compartirlo más fácilmente con los demás. Por lo tanto, la música repercute positivamente en el desarrollo social y afectivo de los individuos. La musicoterapia mejora el estado cerebral, emocional, mental y físico de los seres humanos. Estimular el cerebro es vital ya que es el centro de control de nuestras vidas y es donde se procesan, se comprenden y se unen todas las emociones, sensaciones, sentimientos y pensamientos que experimentamos en nuestro diario vivir.

Pautas para tener en cuenta:

Atención plena: Escucha una canción que te genere sensaciones agradables y canta con entusiasmo; concéntrate en la canción, en la letra, en los instrumentos, en el ritmo e identifica las emociones que te genera esa canción y dale un nombre.

Identifica tu estado de ánimo: Haz conciencia plena sobre la música que escuchas a diario y reconoce qué tipo de música te está generando sensaciones negativas o positivas. Si son negativas, cambia lo que estas escuchando. Existen canciones con matiz nostálgico pero que nos hacen sentir bien.

Dedica una canción: Que sea esta la oportunidad para que le dediques una canción a esa persona que tantas amas. Aplica también una dedicación a ti mismo. (Fortalece procesos cognitivos).

Validación emocional: Acepta todas las emociones que lleguen a través de la música que escuchas y comprométete contigo mismo, en caso de que sean emociones negativas, a trabajar en ellas para mejorarlas.

La magia de la música: Así que ya sabes, escucha música cada día, baila o aprende a tocar algún instrumento. Y no te pierdas la oportunidad de disfrutar de todo lo que concede la magia de la música.

4. ¿Dónde estaba Dios en ese momento?

"¡Así amó Dios al mundo!

Le dio al Hijo Único, para que quien cree en

Él no se pierda, sino que tenga vida eterna.

Juan 3:16

Recuerdo que ese domingo 15 de mayo, en una conversación que había entablado con la hermana mayor en el funeral me compartió que, en horas de la mañana de ese fatídico día, ella le expresó que Dios era el único ser en el universo que podía tomar la vida de alguien... "*¡Es un pecado quitarse la vida, expresó esa mañana, el mismo día de nuestra tragedia!*" Esto se lo compartió a su hermana porque se dio cuenta que ella regresaba del camposanto de visitar a una amiga que hacía unos meses había muerto por suicidio. Sin saber que, horas después, cambiaría de una manera drástica aquella afirmación... *¿Qué pasó?* Fue uno de los interrogantes que surgieron después de ese siniestro, *¡Ella creía en Dios!... ella manifestó que era pecado lastimarse hacía apenas unas horas.*

¿A dónde se fue? ¡Es un pecado! ¿quedará su alma penando? ¿Por qué lo hizo si sabía que era pecado?... ¡Dijo que nunca lo haría!... ¿Qué pasará ahora? Nos preguntamos toda la familia ese fatídico día, llenos de duda, de temor y desasosiego. Pensando siempre en que el suicidio es la forma de morir más drástica castigada por la iglesia y no queríamos que el alma de aquella niña alegre, loca, divertida, pero sobre todo inmadura estuviera divagando por ahí en un mundo desconocido. Por ello, cuando tuve la oportunidad de observarla en esa urna blanca, digna de una princesa, bella y frágil como una paloma, con una expresión dormida medio sonriente que adornaba su hermoso rostro y una tiara brillante que iluminaba todo alrededor de su frente, con brizos que llegaban hasta sus ojos que hacían ver en ella a una niña que solo dormía, y con lágrimas en mi rostro, pero sobretodo en mi alma, pregunté... *¿Dónde estaba Dios en ese momento?...*

Antes de comenzar a escribir este libro, tuve la oportunidad de organizar un congreso Internacional de prevención de suicidio en la ciudad de Bogotá (1er Congreso Internacional de la Red Nacional de Suicidología) cuyo objetivo principal era ofrecerles respuestas a los sobrevivientes del suicidio acerca de las variables que intervienen en el momento de tomar la decisión de quitarse la vida. Se abordó el tema de la conducta suicida desde tres puntos de vista: el biológico, el psicosocial y el espiritual. Unas visiones bastante amplias para entender un poco el complejo mundo de lo que significa morir por suicidio.

En el plano espiritual, tuvimos el honor de contar con la presencia del cantautor mexicano y líder espiritual de la iglesia católica Martin Valverde, quien nos explicó y compartió desde su experiencia y su fe hacia donde se pueden dirigir estas personas que mueren por suicidio. Fue una gran bendición contar con su presencia y experiencia, con su sabiduría y con su conferencia, porque esas palabras de amor que le transmitía el Espíritu Santo para esos sobrevivientes dolidos y afligidos sirvieron para calmar, subsanar y mitigar ese dolor emocional tan profundo que llevaban quienes asistieron al evento.

Entiendo que, en el tema de la religión, no de lo espiritual (lo cual es diferente), se tienen muchas creencias lo que se ha constituido, quizás en algunas personas, en un factor protector para no cometer suicidio, porque no quieren "condenarse" y esto ayuda a que estas personas ambivalentes emocionalmente desistan. Pero en otros casos no ha funcionado. El suicidio, como lo he explicado anteriormente, es multicausal. El hecho consumado no lo ocasiona un solo factor. Es la convergencia de múltiples factores de riesgo, donde hay un detonante que hace que se lleve a cabo el acto suicida. En la mayoría de las ocasiones, un suicidio está asociado con un trastorno mental no diagnosticado.

Uno de los temores más grandes de los que quedan *(sobrevivientes de un suicidio)* es saber hacia dónde se dirige su ser querido. En consulta, es una de las preguntas más recurrentes de los sobrevivientes preocupados y desesperados por encontrar una respuesta. Es una de las preguntas que más afligen a los seres queridos. Según el cristianismo, el alma se pierde y se va para el infierno. Y este aspecto es uno de los dolores más grandes y destructor de los sobrevivientes ya que no quieren que sus hijos, esposos, padres, entre otros, queden penando o se vayan para el infierno o se condenen.

Es difícil brindar una respuesta consoladora que le sirva a todas estas personas que quedaron después de un hecho tan doloroso a subsanar esas heridas. Abordar el tema del suicidio desde el aspecto religioso es complejo.

En una de las experiencias relacionada con esta temática de la espiritualidad en la problemática del suicidio, y esas preguntas que van y que vienen, evocaba precisamente una historia real: Era un joven cristiano americano de 29 años que gozaba de una familia hermosa, una excelente esposa y dos hijos, el menor de ellos solo tenía 8 meses y era una familia cristiana. Un día cualquiera de agosto del 2010 murió por suicidio; fue un hecho impactante para toda la comunidad porque era una persona ejemplar. Pero más que impactante, fue un acto vergonzoso y reprochable por su condición religiosa. … "¡Era un líder cristiano! *¡No puede ser!! ¡Era cristiano! ¡Se condenará!"* expresaban *todos* asombrados y sumergidos en ese mundo de justicia terrenal, donde en realidad es incierto saber quién tiene la razón. Para muchos esa verdad solo la sabe Dios, pensaba mientras escuchaba críticas, habladurías, chismes, entre otros comentarios destructivos que no hacen sino generar más dolor y extender la vergüenza para la familia. Pero para mí, aparte de haber sido impactante esa noticia por todos esos factores, era importante saber cómo había sido ese proceso, qué había pasado. Los cristianos son seres humanos normales, pueden cometer errores como cualquier individuo que profese otro tipo de doctrina, pero me causaba mucha curiosidad saber qué había pasado con aquel joven cristiano que había muerto por suicidio; para muchos una decisión que tomó y que lo llevará al infierno. Esa curiosidad se debía a que en mi vida existen personas especiales que profesan el cristianismo y me compartieron en alguna ocasión lo que pensaban del suicidio. Para los cristianos este hecho es diabólico, es un pecado mortal, es cosa del mal. Aunque nunca he estado de acuerdo con aquellas afirmaciones, eso no ha interferido en que respete las creencias de los demás; pero debido a esta manera de ver el fenómeno social quería tener una respuesta de lo que había sucedido con aquel joven cristiano que había decidido terminar con su existencia. Un día, desde Colombia, tuve la oportunidad de hablar con su esposa y le pregunté: *"¿Por qué crees que se suicidó tu esposo? ¿Por qué tomó esa decisión tan radical si ustedes expresan en su iglesia que es un pecado mortal?"* Ella contestó: *"Estaba enfermo. No había sido diagnosticado, pero lo estaba. Nos ha dejado un dolor terrible, pero creemos en la misericordia de Dios y sabemos que encontraremos esas respuestas que estamos buscando para sanar está herida tan grande que nos dejó él con su partida."*

A través de este capítulo, tanto a ella como a muchos sobrevivientes más, quiero ofrecerles una respuesta de amor, de paz, de tranquilidad y sobre todo de esperanza. Quizás no la única respuesta que esperan mis lectores, pero lo único que quiero conseguir es ofrecer paz a sus almas, también lo quiero lograr a través de un mensaje que nos compartió el líder espiritual mexicano Martin Valverde en el evento de Suicidología, quien me autoriza para que sea compartido en este capítulo:

"Silvana, dile a tus lectores que la misericordia de Dios es infinita. Y que entre el puente y el río está Él. Comparte con ellos la siguiente historia: Hace unos años, el cardenal de Guadalajara me llamó y me dijo: 'Martín, échame la mano con canciones porque estamos perdiendo duro la batalla. En estos momentos estamos a seis suicidios diarios, de esos 6, tres son menores de 25 años, una batalla campal por la vida'. Yo me quedé pensando y decidí retomar una canción (que es la canción que me tiene en este evento) llamada "No te rindas". La trabajamos hace varios años con mucho cariño, con un alto contenido emocional que tiene por la hermosa historia de vida que existe a través de ella. Es la historia de Manuel de Jesús, la cual les compartiré. En una ocasión me encontraba en el aeropuerto, me estaba despidiendo de mi familia, y allí estaba Manuel con otros jóvenes, entre ellos uno llamado Gastón, quien se quitó la vida. Manuel de Jesús era un joven que mi hermana había peleado en oración. Gastón era un joven muy simpático y tomó la dura decisión de auto eliminarse. Cuando ocurrió esto, nos tomó a todos, como suele pasar cuando te enteras de un suicidio: nos quitó el

piso; porque no la ves venir, porque no sabes de donde viene… Mejor dicho, te deja en un… ¡no sabes! Pero al mismo tiempo, si tienes el corazón sencillo frente a Dios, dices "pues algo habrá que hacer, aunque no sepa", porque es más fácil dar el juicio "el suicidio es pecado" "esto es malo" …y eso pasa con cualquier área que elijas, no solamente tiene que ver con un suicidio; porque estamos enseñados solo a las críticas destructivas y a la distorsión de los mensajes. En fin, Manuel me entregó una carta que leí en el avión. Cuando él me la entregó se encontraba llorando y me pidió que por favor la leyera en el avión. La leí, y él contaba a través de su escrito que un día también decidió quitarse la vida. Fue triste para mí leer eso; saber que los jóvenes se rinden tan fácilmente.

Hay cosas que sencillamente no se pueden explicar y aunque se busquen explicaciones, jamás las encontrarás, no se entienden. En este caso, lo que me cuenta Manuel en la carta es que un día cerró toda su casa con llave, agarró un método X y se metió al baño con la intención de quitarse la vida. Creo que a Manuel de Jesús por alguna extraña razón que tampoco la sé, le dieron otra dimensión, una gran oportunidad de vida. Dice él que en algún momento estaba ya por hacer eso, estaba a punto de tomar la decisión más trascendental de su vida; quizás el motivo que lo impulsaba a realizar lo que tenía en mente, no era el más grande de los motivos, pero para él, un niño de trece años y para todos los chicos que cuando deciden realizar esta práctica, es importantísimo y el más grande de los motivos. Ayer mismo nos decían en una de las conferencias que ningún intento de suicidio se debe tomar a la ligera; ni uno solo. Para ellos es vital. Yo siempre se los digo hasta el cansancio: si para ti es importante, para Dios es importante. Donde no van a coincidir es en la solución, pero que es importante ¡es importante! Entonces, Manuel de Jesús cuenta en la carta, que cuando estaba a punto de cometer este hecho empezó a escuchar música en la sala de su casa, una canción en especial; y que salió a la sala porque despertó de lo que iba a hacer, y salió a mirar quién estaba en la sala, con la sorpresa de que ¡no había nadie! ¡No había nadie! Tuvo la fortuna de que Dios peleara por su vida. Y así lo hace de manera constante, a cada segundo de nuestras vidas. Y cuenta en su misiva que se derrumbó en llanto, lloró como lo que era, un chiquillo de 13 años. Dice la carta: "Martin, síguela cantando" "Sigue salvando vidas a través de esas letras"

Hoy, la seguimos cantando, porque la lucha permanece. La muerte no tiene la última palabra. Entre el puente y el rio hay una misericordia y queda una misión, tu misión. Y esa misión es de todos. No soy de los que les gusta hablar ni decir que tengo amigos evangélicos, cristianos o nombres por el estilo. Se me hace muy barato. Tengo muchos amigos que profesan diferentes maneras de alabar y agradar a Dios y todos conocemos la misericordia de Dios. Y todos coincidimos en que Dios tiene la última palabra y que entre el puente y el rio, está la misericordia de Dios. Y aunque no hay diferencia con ellos y los quiero mucho, me cuestionaron cuando escucharon la canción "No te rindas" … ¿Y Dios donde está en esta canción? Yo les contesté: Las cosas o los mensajes se pueden transmitir de otras maneras, y esta canción tiene esa pequeña tarea de decirte que sí existe alguien que sí te quiere, que sí te ama y que curiosamente no lo ves, no lo sientes; pero Dios te lo dice a través de mí, a través de mi música, para transmitir un mensaje de vida y de amor. No me pondré a decir ahora cosas que no sé, pero cuando hablo de pérdida de un ser amado y de la misericordia de Dios, sí sé de lo que hablo, lo único que sé es que cuando se nos ha ido alguien al cielo, cuando alguien ha partido de nuestras vidas lloramos muchas cosas, pero lo que más lloramos es lo que no le dijimos. Entonces toca que se lo digas y que le mandes el recado, y que aquí en la tierra se lo puedas decir a alguien urgentemente, porque en estos momentos ese alguien lo está necesitando. Recuerda *que el amor de Dios te dice: 'Cuando te rindes y caes sin valor, recuerda lo que pienso yo de ti, recuerda que te dije que tú eres lo mejor que puede haber en este mundo gris. Yo no entiendo cómo puede ser que existas, y cómo llegaste hasta aquí. El mundo es ancho y se mueve sin cesar. Un día ya no nos veremos más, pero a pesar de eso no podremos olvidar estos momentos de sinceridad. …Yo no soy perfecto ni tampoco lo eres tú, y eso me hace amarte mucho más; tus errores son reflejo de mi falta de dar luz, contigo he llegado a su verdad.' Sí vivimos para el amor ¡vivimos!, si morimos para el amor ¡morimos! sea que vivamos o sea que muramos, somos del amor porque Dios es amor. Entonces, ¡vive! Y a ti que tienes una misión tan especial de la conservación y la promoción de la vida; donde ya sabes que el suicidio viene con un paquete completo de factores que causan el hecho, y aunque el estigma del suicidio sea algo tan fuerte, no se debe olvidar que solo radica en una decisión, en un instante y puede ocurrir en cualquier familia, estrato socioeconómico, raza, entre otros, así que lo único que puedo decirte es ¡Vive!*

Con Cariño, Martin Valverde…"

Sobrevivientes:

Actualmente se está evidenciando la ausencia de espiritualidad en la infancia y adolescencia, y esto está llevando a que tengamos niños tristes y desprotegidos. Aquí les brindo información sobre el tema.

Hoy día, los padres se preocupan de que sus hijos tengan determinación para persistir, para ganar; que tengan el optimismo para ser más exitosos que los demás; ¿pero a dónde conduce esto? Los niños llegan a creer que no son mejores que su último éxito y sufren una sensación de inutilidad cuando hay pérdida o incluso un fracaso moderado. Ahora, ¿Se han preocupado los padres por preparar a sus hijos en fortalecer su espíritu? Donde el amor está condicionado al rendimiento, los niños sufren.

Un nuevo y fuerte campo de la ciencia, desarrollado durante la última década hasta lo que ahora consideramos un nivel de certeza, demuestra, primero, que cualquier tipo de espiritualidad se convierte en una fuente de salud y prosperidad para los niños y, segundo, que la falta de espiritualidad en las familias y la cultura juvenil puede ser una gran fuente de sufrimiento. En este artículo, hablo de espiritualidad, en la creencia y relación con Dios.

Lo que hemos aprendido es que los niños nacen con una capacidad innata para la espiritualidad, al igual que nacen con la capacidad de aprender un idioma, leer y pensar. Pero, así como se necesita tiempo y esfuerzo para desarrollar la capacidad de hablar o leer, también se necesita tiempo y esfuerzo para desarrollar el sentido innato de lo espiritual; y especialmente en la infancia, un acompañamiento con relación a este aprendizaje. Ya no se enseña acerca de Dios y la importancia que tiene en las vidas. Lo han expulsado de los hogares y de los colegios. Tenemos niños, niñas y adolescentes que ni siquiera tienen conocimiento de quién es Dios y dicen no creer en Él.

El 75% de los pacientes adolescentes que ingresan a mi consulta no creen en Dios, y esto hace parte de un trabajo que no realizaron los padres de familia, no construyeron en ellos lazos afectivos espirituales y vínculos internos propios de superación. No creen en Dios, no hacen oración. Y quizás caen en las frases cliché: "La oración no sirve para nada" "Creer en Dios no sirve" (Relatos de algunos pacientes), pero si me toca evidenciar la depresión, la ansiedad y la pérdida de sentido de vida con la que llegan a buscar ayuda profesional.

En los últimos años, varios libros y decenas de artículos de las más prestigiosas revistas de neurociencia relatan descubrimientos sobre el impacto de la oración en el cerebro. Cientos de investigaciones concluyen que la oración, la meditación y la contemplación nos hacen bien (Leiro,2012). En el libro "Cómo Dios cambia tu cerebro", el profesor Andrew Newberg relata decenas de investigaciones en las que él y su equipo de la Universidad de Pensilvania han estudiado el cerebro de personas mientras realizan oración y han encontrado que hay una disminución en los niveles de las hormonas que producen estrés, mejorando la capacidad de atención y aumentando los neurotransmisores que generan la sensación de serenidad y gozo.

Estamos en una cultura cada vez más narcisista y la recompensa constante por el logro, ya sea en el campo de juego, el escenario musical o la prueba de matemáticas, crea lo que yo llamo el desequilibrio vital en los niños. Lo que tenemos es un niño que siente que su valor se basa en la capacidad y el logro, y no está preparado espiritualmente para afrontar ese desequilibrio.

Los niños de familias de clase media y media alta parecen tener todo a su favor, pero he identificado en consulta que son los que tienen tasas mucho más altas de depresión, ansiedad, abuso de sustancias y tendencias suicidas que sus compañeros menos privilegiados.

En términos más generales, cuando tenemos una relación fuerte con lo espiritual nuestros cerebros se renuevan y hasta se hacen más fuertes y grandes. También se ha encontrado que la corteza cerebral de las personas que meditan u oran con frecuencia es más gruesa que la de aquellas que no lo hacen (Leiro,2012). La ausencia de la salud espiritual en la infancia y la adolescencia está llevando a que existan niños inseguros, con miedo, vacíos y resentidos. Además, no se les ha enseñado que, para desarrollar su vida interior y protegerse poderosamente contra la depresión, el sufrimiento y todo malestar humano, es muy importante cultivar el yo espiritual.

Pautas para tener en cuenta

Habla de Dios con tu hijo(a): pregúntale qué representa Dios en su vida.

Brinda ejemplo: no puedes hablar de Dios y de espiritualidad sin que ellos te vean practicarla.

Oración: no es lo mismo orar que rezar. La práctica de la oración es una actividad contemplativa que conecta a la persona con un Dios amoroso que reduce los pensamientos y sentimientos negativos, puede favorecer el alivio de los síntomas de depresión, reduce los síntomas de ansiedad y mejora la sensación subjetiva de seguridad y compasión.

Contemplación: realizar contemplación durante unos 15 minutos al día reduce, al menos en cierto grado, el proceso de envejecimiento y deterioro neuronal.

Reflexión: identifica cómo ha sido tu trabajo en el fortalecimiento de la relación de Dios con tu hijo, e identifica cómo está la salud espiritual en él. ¡Sí descubres que tu trabajo no ha sido el mejor, ¡comienza desde ya!

Esta es una reflexión que surge a partir de lo que identifico en mi experiencia clínica y de los hechos acontecidos en el tiempo presente, donde sus mayores protagonistas son niños, niñas y adolescentes. Es posible que mi reflexión no la compartan muchos lectores, sobrevivientes, compañeros del área de la psicología y la psiquiatría. No obstante, esta reflexión la siento como un deber espiritual, moral y profesional.

5. ¿Ahora dónde deposito tanto amor que me faltó por brindarte?

Ella, sus padres y sus hermanos se fueron a vivir a Cartago, después del terremoto de Armenia del 25 de enero de 1999. Cartago es el municipio del Norte del Valle donde nací y de donde es oriunda toda mi familia materna; que, a su vez, también es su familia. En ese tiempo me fui a vivir con ellos. Recuerdo que ella tan solo tenía 5 años; disfrutaba mucho jugar con ella, mirarla fijamente; observaba muchas cosas en ella. Siempre le manifesté a la familia que ella era diferente, por eso siempre la llamé por su segundo nombre para hacerla sentir distinta, ya que nadie la llamaba por su segundo nombre. Dios le proporcionó el más hermoso de los nombres, pero todos la llamaban por su primer nombre. Como yo sabía que ella era especial y única, siempre fui la única en llamarla de otra manera. Era muy extrovertida, espontánea, vanidosa, a pesar de su corta edad. En su primera infancia gozó de una habilidad impresionante para las relaciones interpersonales. Tenía una personalidad arrolladora, creativa y, a veces incluso, mal intencionada. Sin embargo, su infinita locura y alegría llenaban nuestras tardes de entusiasmo mezclado con desespero, porque, en las mañanas, sabíamos que se la tenían que aguantar en la Institución Educativa y en las tardes, en casa.

Uno de mis mayores y más memorables recuerdos fue una noche lluviosa y llena de rayos, en la que estábamos hablando con Herbert, su hermano mayor. En una de las tertulias que tenía usualmente con él, hubo un momento muy especial entre los tres; ella se encontraba recostada en mis piernas, mirándome fijamente cuando hablaba con su hermano; recuerdo perfectamente lo que comentaba esa noche; yo le decía: "No *hablemos de la muerte hermano. Yo te quiero mucho y no sabría qué hacer, no soportaría tu ausencia, ¿qué haría con tanto amor que siento por ti? No pienses en la muerte, estás muy joven.*" Él, para asustarnos, decía que el día que muriera nos tomaría de las patas y nos espantaría. Ella me miraba fijamente, como si entendiera todo lo que hablábamos aquella noche; tanto así, que cuando bajé mi mirada hacia ella, le pregunté con voz de asombro "*¿Si escuchaste mi chiquis?*" Inmediatamente abrió esos corozos que tenía por ojos y comenzó a gritar de una manera tan alarmante, que levantó a todos en la casa. Ya era tarde de la noche, y ¡sí, ella estaba despierta! Ahí conmigo y con él. Cuando ella gritó, mi tía se levantó muy asustada, y preguntó "*¿Qué pasó? ¿De qué hablan?* Y ella contestó: "*¡De la muerte, mami!*" "*No me quiero morir, mamita, mi hermano dice que si se muere me va a jalar las patas y me va a asustar. ¡Dígale que no!*"

Esa noche me fui a la cama en medio de carcajadas, pero pensativa. Eso es lo que ocasiona el tema de la muerte: reflexión. Y me fui a dormir con una pregunta que me dio vueltas y vueltas en la cabeza y por poco no puedo conciliar el sueño. Pensaba ¿cómo sería perder a un ser querido? ¿Dónde deposita uno el amor que le queda en el corazón por un ser querido fallecido? Después de muerto, ya para que amar. ¿Qué haría uno con ese sentimiento? ¿Dónde lo deposita? Dos años después de esa noche, de esa conversación, lo perdí a él. Y como si no fuera suficiente, 11 años después de la muerte de Herbert la perdimos a ella. Y la manera como la perdimos. La pregunta fue… *¿Ahora dónde deposito tanto amor que me faltó por brindarte?*...

La terapeuta Jessica Wolf, en su libro "*Superando el duelo después de un suicidio*" se refiere a "la expresión del sentimiento." Si bien perder un ser querido, implica un dolor inexplicable e insoportable, no cambia para nada lo que se siente por aquel ser que se fue y no regresará. Existen varias formas de continuar con las manifestaciones de amor hacia ese ser amado que partió. Sin embargo, es de vital importancia aclarar que existe algo llamado "Proceso de Duelo" y, como parte de la transferencia de ese amor que queda en nuestros corazones para aquellos seres, debemos iniciar la etapa de aceptar poco a poco la realidad de la partida, para que de esta manera se pueda elaborar un duelo y empezar una relación nueva con ese ser querido.

Todas las emociones que nos genera una partida inesperada, aunque duela, se deben expresar; ya que, si los sentimientos producidos por la pérdida no se manifiestan, muchas veces pueden aparecer en formas alternas, como síntomas físicos muy variados: dolores de cabeza o de otro tipo, episodios de gastritis, colitis o insomnio, por mencionar algunos (Wolf, 2017). Por otro lado, la expresión de esos sentimientos de dolor, ira, impotencia, de alguna manera, constituye un antídoto para todo ese veneno de dolor interno que padece la persona que sufre la perdida. De igual modo, los sentimientos que no son expresados, no se digieren ni se procesan, lo cual puede producir problemas o alteraciones psicológicas severas, tales como: tristeza profunda, agresividad, depresión, entre otros.

Según la "Guía para familiares en duelo" de la Sociedad Española de Cuidados Paliativos, parte de la transferencia de una muerte equivaldría a despedir en un aeropuerto a alguien que promete nunca más regresar; semejante a cambiar de casa, quemar fotografías o sencillamente despedir a una persona que ha causado mucho daño en nuestras vidas y despacharlas para siempre.

Matamos, de forma metafórica, al novio que nos hizo mucho daño, a la madre que nunca nos comprendió, a múltiples domingos tortuosos. La misma Guía expresa que hay diferentes tipos de muertes: están las que pasan por las noticias al medio día que tanto lamentamos pero que no afectan para nada nuestra funcionalidad diaria, o las protagonizadas en series de crimen, o de las que somos testigos de métodos y planes horrorosos para llevar a cabo, o las que presentan durante la producción de un documental, o las que contienen todo el dolor de una generación, entre muchas más. Y el otro tipo de muerte: la forma en cómo se van nuestros seres queridos; en este caso, el suicidio: que no muchos acostumbran a contemplar. ¿Recuerdan a mi amiga americana que perdió su esposo cristiano? Ni siquiera cuando le dijeron a ella, en el supuesto día más feliz de sus vidas, que era hasta que la muerte los separe, dimensionó que algo como eso pasaría; mucho menos, pensó en el dolor que le ocasionaría en su vida la pérdida de su ser amado. El duelo por suicidio es el duelo más largo y complejo de llevar a buen término, pero se logra.

El suicidio siempre será esa forma de morir abominable, que con solo nombrar la palabra genera miedo; pero, como siempre les he compartido a mis consultantes, a esos seres queridos que se han perdido por esa causa se le debe recordar por la vida que tuvieron y por todo lo maravilloso que hicieron en ella, y no por como murieron.

Y aunque la muerte por suicidio de un hijo o un ser querido muy cercano forma parte de ese alto porcentaje que es inexplicable, en muchas ocasiones se realiza por un acto impulsivo. Incluso, algunos sin ningún trastorno mental grave que lo alerte, otros quizás sí. Algunos sin ninguna amenaza o insinuación, otros quizás sí. El hecho es que esa forma de morir contribuye a la destrucción de un tejido familiar y social, pero, aunque ya no esté ese ser querido, se puede hacer mucho por los que quedan. Quizás a muchos sobrevivientes que han pasado por un dolor tan insoportable, como la pérdida de un hijo por esta inexplicable causa, no les interesa compartir sus historias ni ayudar a otros, ya sea porque sencillamente ya sus hijos no existen y no habrá nada que los pueda regresar, esto lo respeto como terapeuta, pero siempre motivo a mis consultantes a que brinden vida a través de una historia de muerte. Siempre existirá alguien que necesite ayuda, una palabra, una acción de buena fe, un compartir emocional afectivo, un abrazo, un guiño, una frase, en fin, son muchas las maneras en que se puede transmitir vida a través de una que fue y ya no es.

Cuando asistí al Séptimo Congreso de la Asociación Mexicana de Suicidología en Puebla- México, tuve el honor de conocer y dialogar con una terapeuta que cito mucho en este libro, la Psicóloga Jessica Wolf, a quien le hice la pregunta con la cual se titula este capítulo: "¿Dónde deposito tanto amor que faltó por brindarle?" y me contestó: "*Construye una relación nueva con ella, y enséñale a tus pacientes cómo se puede lograr, para que puedan seguir depositando en sus seres amados que ya no están, todo ese amor que les faltó por brindarles.*" Sentí que quedé más confundida de lo que ya estaba, sin embargo, la Dra. Wolf me dijo: "*Quédate en mi conferencia y entenderás de qué hablo.*"

Cuando inició su conferencia entendí perfectamente de qué me hablaba, y consiste en lo siguiente:

-Es muy importante que, aunque duela, el sobreviviente comience a conocer más acerca de todas las vertientes que llevan a una persona a quitarse la vida. Este conocimiento es sanador porque explica el hecho indestructible que deja tantas preguntas sin respuestas.

-Brinda vida a través de la vida de esa persona que se fue para siempre. Eso se puede lograr compartiendo experiencias vividas, llenas de diferentes tipos de emociones. Incluso, compartiendo la forma en la que murió ese ser querido se puede estar ayudando a otra persona que necesita apoyo a que no tome una decisión desacertada. No se puede leer el pensamiento de nadie, no se sabe si a través de una historia de vida real y manifestando sin reparos el dolor que causa un suicidio, se pueda ayudar a alguien que está contemplando esa posibilidad sin que se sepa. No es cierto que al hablar de suicidio se genere ideación suicida. Al contrario, se genera concienciación de una problemática silenciosa y latente que crece de manera descomunal a nivel mundial, tal como lo establece la OMS: en el mundo se suicida una persona cada 40 segundos y, por cada suicidio, se registran 20 intentos.

-Lograr construir un nuevo concepto de muerte es sanador porque nos lleva a entender que la persona se va físicamente, pero quedan sus recuerdos; estos nunca mueren. Esto significa que ese ser querido jamás morirá; es eterno en nuestras vidas. Construir una nueva relación con ese ser querido, es como decirle: *"ya no estás aquí terrenalmente, pero vivirás en mí por siempre."*

Es muy motivador buscar cómo ayudar a los demás. Siempre sentirás que lo que haces por esa nueva persona, lo estás haciendo por aquella persona que ya no está; y tener la sensación de que esa persona se siente orgullosa de ti esté donde esté, es sanador y libera…

… ¿Ahora dónde deposito tanto amor que me faltó por brindarte?

Ahora lo deposito en la Fundación ANDA, Institución que constituí para llegar a la población en general, como factor protector para todas las personas que en algún momento necesiten apoyo profesional y se encuentren en riesgo. También lo seguiré depositando en mis recuerdos y a través de mis acciones. Opté por el enfoque clínico en la psicología para entender todas las funciones biológicas y coadyuvar en el diagnóstico oportuno y apropiado para la identificación temprana de trastornos mentales que puedan llevar a una persona a morir por suicidio. Además, con un enfoque social-humanista, que me permite llegar a toda la población vulnerable para ayudar al afligido; sobre todo a los jóvenes adolescentes que tanta ayuda necesitan.

Es en mi trabajo diario, en mis consultantes, en mis conferencias, en mi fundación ANDA y en la interacción con las personas que tanta ayuda necesitan donde deposito tanto amor que me faltó por brindarte…

Sobrevivientes:

Como lo he venido manifestando en capítulos anteriores, el cuidado cerebral es supremamente vital para prevenir el suicidio. Quizás no conté con la información antes para poder prevenir, como tampoco la tuvieron ustedes. Sin embargo, podemos cuidar y proteger nuestra salud cerebral y la de los que tenemos a nuestro lado. Aquí les brindo algo de información con relación a este tema.

Cuidado cerebral en la prevención de la conducta suicida:

El cerebro humano es el centro de mando para el sistema nervioso y permite los pensamientos, la memoria, el movimiento y las emociones mediante una función compleja que es el producto más alto de la evolución biológica. Mantener un cerebro sano durante la vida es el objetivo más importante en la búsqueda de la salud y la longevidad (BMJ,2022). Los Centros para el Control y la Prevención de Enfermedades de los Estados Unidos definieron la salud cerebral como la capacidad de realizar todos los procesos mentales de la cognición, incluida la capacidad de aprender, juzgar, usar el lenguaje y recordar.

El cerebro humano es un órgano complejo y tiene al menos tres niveles de funciones que afectan a todos los aspectos de nuestra vida cotidiana: el primero es el de interpretación de los sentidos y control del movimiento; el segundo es el de mantenimiento de los procesos cognitivos, mentales y emocionales; y el tercero es el de mantenimiento del comportamiento normal y la cognición social (Wang, Pan, Li, 2020). Por lo tanto, la salud cerebral puede definirse como la preservación de la integridad cerebral óptima y la función mental y cognitiva a una edad determinada en ausencia de enfermedades cerebrales manifiestas que afectan la función cerebral normal.

¿Y por qué hablar de salud cerebral en la prevención del suicidio?

En lo que va corrido de este siglo, especialmente en los últimos 10 años, se ha evidenciado un crecimiento en el número de estudios de neuroimagen que reportan una correlación entre los circuitos cerebrales (estructural y funcionalmente) y los pensamientos y comportamientos suicidas. Al mismo tiempo, los investigadores han identificado marcadores de activación inflamatoria a nivel cerebral, entre estos, la PhD. Victoria Arango, neurocientífica colombiana y directora Asociada de la División de Imágenes Moleculares y Neuropatología en el Instituto Psiquiátrico del Estado de Nueva York en el Centro Médico de la Universidad de Columbia, define al suicidio como una enfermedad del cerebro. Y así como se habla en salud general acerca de los cuidados que se deben de tener en cuenta para los órganos de los diferentes sistemas del cuerpo humano, tales como, el sistema cardiovascular, el sistema respiratorio, el sistema digestivo, entre otros más, así mismo se debe concienciar en la importancia de los cuidados que se deben de tener en el principal órgano del sistema nervioso: el cerebro.

Existen a nivel cerebral unos neurotransmisores cruciales que juegan un rol supremamente importante en el acto suicida; ellos son: la serotonina, la dopamina y la noradrenalina, relacionados con la depresión, la ansiedad, el trastorno obsesivo compulsivo, la agresividad, el insomnio y el estrés, entre otros.

Hablar de suicidio siempre será un tema que me generará un gran desafío, no por lo que representa, sino por la ceguera mental y social que hay acerca de la problemática como tal. Los mitos y conceptos erróneos sobre la salud mental dan forma a las creencias y actitudes de las personas en relación con el suicidio (Mayo Clinic, 2018). Esto no nos permite ayudar a tiempo. Escuchar y discrepar en todo momento acerca de lo que en realidad constituye el suicidio, es desgastante. Sin embargo, estos espacios informativos me brindan la oportunidad de llegar a cada hogar para sensibilizar sobre un problema que afecta a 3000 familias diarias en el mundo (OMS,2011) y que no se trata de una decisión que la persona toma, ni de un acto de egoísmo, ni de cobardía, ni de valentía, o de una persona que no contó con recursos internos para afrontar sus problemas. El suicidio va mucho más allá de ser un simple acto aislado. Uno de los hechos más sorprendentes sobre la conducta suicida, es cuán recurrentes o comunes son los pensamientos, impulsos y comportamientos de la persona que padece este tipo de sintomatología. El suicidio no se asocia solo con un conjunto estrecho de síndromes o diagnósticos, sino que ocurre, con una mayor frecuencia, en una amplia gama de diagnósticos psiquiátricos, así como entre aquellos sin ninguna condición diagnosticable (Jason B. Luoma. Villatte, 2012).

Uno de los mayores desafíos en el desarrollo de estrategias efectivas de intervención clínica es la cantidad de vías que pueden conducir a la conducta suicida: intentos previos, abuso sexual, genética, epigenética, biología, trastornos del estado de ánimo, trastornos de ansiedad, trastornos del pensamiento, consumo de sustancias alucinógenas, problemas en las relaciones sociales, contexto, cultura, espiritualidad, problemas de salud física, entre muchos más. Y, aunque el suicidio no es predecible, puede prevenirse.

Pautas para cuidar el cerebro y mantenerlo sano:
La escuela de Medicina de la Universidad de Colorado propone estos pasos para el cuidado del cerebro:

Alimentación saludable: La serotonina se sintetiza a partir del triptófano, un aminoácido esencial, que obtenemos de la dieta.

Dieta MIND o dieta de la Mente: El grupo de investigación SINAPSIS de los Estados Unidos, plantea que el plan de alimentación de esta dieta propone incrementar la ingesta de vegetales de hoja verde, fríjoles, granos secos, granos enteros (avena, quinua, arroz integral, pasta integral y pan 100%

integral), pollo, pescado, aceite de oliva; y disminuir las grasas saturadas, carnes rojas, alimentos fritos, mantequilla y azúcares.

¿Recuerdas que hablé de la serotonina como principal neurotransmisor involucrado en el riesgo suicida? Bueno, los alimentos anteriormente mencionados, contribuyen en la producción de la serotonina en el cerebro y el intestino.

Cuidar el sueño: En un capítulo anterior abordé la importancia del sueño en el cuidado cerebral. Sin embargo, aquí reitero dicha información. La producción de serotonina influye regulando nuestra capacidad para dormir, favoreciendo o dificultando la conciliación del sueño, dependiendo de su presencia en el organismo. Si no duermes bien por la noche no pensarás con tanta claridad durante el día, estarás irritado, de mal genio y cansado; esto se debe a la dificultad de la producción de este neurotransmisor.

Se puede cuidar el sueño trabajando en hábitos dc sueño antes de ir a la cama, tales como:

Establezca rituales relajantes antes de dormir, como un baño tibio, un refrigerio ligero o leer.

Evite la cafeína, el alcohol y el tabaco, especialmente en cualquier momento después de la tarde.

Haga ejercicio todos los días, pero no entre 3 y 4 horas antes de acostarse.

Practique técnicas de relajación de los músculos (comience con la cabeza o los pies y baje o suba por el cuerpo).

Duerma sólo lo necesario para sentirse bien descansado. Pasar MENOS tiempo en la cama lo ayudará a dormir mejor mientras está en la cama.

Mantente activo socialmente: La actividad social ofrece apoyo emocional, mental y psicológico para quienes se preocupan por su forma de pensar, de actuar y de ver el mundo. Las redes sociales humanas son un recurso invaluable y altamente protector para el cerebro, ya que, activa la dopamina (neurotransmisor involucrado con las sensaciones placenteras y la sensación de relajación) y cuando se logra esta activación, se está protegiendo el cerebro. Asimismo, mantenerse activo socialmente estimula la producción de la noradrenalina (otro neurotransmisor que está relacionado con la motivación).

6. ¡Qué egoísmo el tuyo!

"Un hombre es llamado egoísta no por buscar su bienestar,

sino por ignorar a su prójimo!"

Richard Whately

¡Eres una egoísta! ¿No sé cómo pudiste hacernos esto? ¿Cómo fuiste capaz de dejarle este dolor tan grande a *tu mamá?* Pensé en el avión, mientras viajaba a la ciudad de Armenia para el funeral de ella.

Una de las frases más dolorosas que recuerdo de mi tía meses después de ese terrible suceso fue: *"Ella fue muy egoísta; no pensó en mí. Pensé que era su amiga y mira cómo me falló."* Cuando la escuché hablar así, sentí mucha ira con mi prima, por su decisión sin pensar en nadie, sin escatimar el dolor ajeno. Toda esa desolación y sufrimiento que dejaría la decisión de quitarse la vida. No pensó en nadie. Compartía con mi tía ese sentimiento; sentí que era cierto y también mi mente gritaba: *¡Eres una egoísta! ¡No pensaste en todo lo que dejaría tu decisión...! ¡Qué egoísmo el tuyo!*

Cuando una persona muere por suicidio, una de las sensaciones que quedan en su entorno es la falta de empatía que le faltó a la persona en el momento de tomar la decisión de la autoeliminación. Suenan frases tales como: *"Tan egoísta, no pensar en la familia", "No pensar en los hijos", "siempre fue así, egoísta hasta el último momento de su vida"*, entre otras manifestaciones verbales. Sin embargo, hay una explicación de ese fenómeno desde la sociología.

Émile Durkheim (1858-1917) es considerado hoy uno de los padres de la sociología positivista y una de las mayores influencias para que la ciencia europea adoptara a las estadísticas como método de abordaje, comprensión y explicación de los comportamientos sociales del ser humano. Emile Durkheim, sociólogo y filósofo francés, en el siglo XVIII, realizó un estudio en el que demuestra cómo el suicidio es algo más que una acción de una impulsividad biológica e individual. Dentro de los diferentes tipos de suicidio nos encontramos con el suicidio por honor, propio de las fuerzas armadas. Esta forma de acabar con la propia vida tiene ejemplos paradigmáticos con los Kamikazes de la Armada Japonesa y los que sucedieron en relación con el nazismo. Siguiendo esa línea de clasificación, Durkheim propone identificar las diferentes causas sociales del suicidio. A partir de ahí, distingue entre cuatro tipos de suicidio, según los resultados a los que llega:

El suicidio egoísta: este tiene lugar cuando los vínculos sociales son demasiado débiles para comprometer al suicida con su propia vida en la sociedad a la que pertenece. En ausencia de la integración de la sociedad, el suicida queda libre para llevar a cabo su voluntad de suicidarse. Su excesivo individualismo, producto de la desintegración social, no le permite realizarse en cuanto individuo social que es.

El suicidio altruista: es el causado por una baja importancia de la individualidad. Es el tipo exactamente opuesto al egoísta o individualista. Durkheim pone el ejemplo de muchos pueblos primitivos, entre quienes llegó a ser moralmente obligatorio el suicidio de los ancianos cuando ya no podían valerse por sí mismos. Esta es la muerte por el grupo, es el suicido también llamado heroico.

El suicidio anómico: es aquel que se da en sociedades cuyas instituciones y lazos de convivencia se hallan en situación de desintegración o de anomia. En las sociedades donde los límites sociales y naturales son más flexibles, sucede este tipo de suicidio.

El suicidio fatalista: es el que se produce en grupos sociales donde las reglas a las que están sometidos los individuos son demasiado férreas, de modo que éstos conciben y concretan la posibilidad de abandonar la situación en la que se hallan. Es el tipo de suicidio exactamente opuesto al anómico.

Estos cuatro tipos de modelos de suicidio, en la realidad, como señala Durkheim se encuentran relacionados entre sí, creando tipos compuestos que explican los diferentes casos (Durkheim, 1965:11).

Los estudios de Durkheim no solo diferencian entre Estados, sino que intentan indagar en las tasas y hacen un análisis viendo no solo la religión, si no también, el tipo de matrimonio, hijos, grupos profesionales, género, edad, grupos políticos, tipo de sociedad o de medio social, etc. Así es como llega a las causas sociales verdaderas del suicidio. Para la investigación se exponen las motivaciones que determinan este hecho (información tomada de GESI).

En muchos de los casos que atiendo en consulta, los padres viven resentidos con sus hijos que ya no están, porque piensan que ellos no significaron nada en su vida. Manifiestan frases como: *"Si hubiera pensado en el dolor que le iba a causar a la mamá, no hubiera hecho eso", "Si antes de tomar esa decisión hubiera pensado que nos iba a dejar sumergidos en la tristeza y en el llanto, no hubiera hecho eso"* *"Si hubiera pensado que lo que hizo lo iba a llevar al infierno, no lo hubiera hecho"* entre otras. En estos casos, la mente no deja de rumiar y se generan miles de inquietudes, miedos y pensamientos destructivos. La búsqueda de respuestas inmediatas lleva a mis consultantes a que lleguen a una conclusión facilista: *"Fue un egoísta, no pensar en el dolor que iba a dejar",* y en esa conclusión se sostienen y no permiten que el proceso de duelo por suicidio avance y se genere sanación.

El egoísmo en la problemática del suicidio no existe. Quizás a través de la teoría del Sociólogo Durkheim se puede transmitir una explicación con fundamento teórico, sin embargo, no es una verdad absoluta. En la experiencia que he tenido con mis consultantes "sobrevivientes del suicidio", me he dado cuenta de que sí es cierto que una de las emociones más fuertes y amargas que quedan después de un hecho consumado es el pensar que su familiar "no *pensó en ellos"* y esto desata una cantidad de sinsabores y emociones. Sin embargo, cuando relacionan todos los factores determinantes o de riesgo de la conducta suicida, entienden que esa problemática es multicausal, y que el egoísmo no se encuentra ubicado por ningún lado. Es un trabajo dispendioso, compasivo y receptivo, en el que al final los consultantes aceptan su tragedia con amor, comienza a desaparecer paulatinamente esa idea de egoísmo y generan el perdón. Entienden que quizás no se identificaron señales de alerta, situaciones de riesgo, y que en realidad fueron personas que solo necesitaron ayuda. Que antes de dar ese paso fatal se encontraron en un estado de embotamiento (ausencia temporal de la reacción a estímulos de intensidad normal que da lugar a un funcionamiento psíquico amortiguado e insuficiente en sus reacciones ante los estímulos ambientales) y que la prioridad para ellos era buscar una solución para aliviar su dolor.

¡Eres una egoísta! ¡No pensar en todo lo que dejaría tu decisión! ¡Que egoísmo el tuyo! Fue lo que tuve siempre en mi mente antes de iniciar la búsqueda de respuestas académicas, científicas, espirituales, contextuales. Ahora entiendo que no fue egoísmo, nunca lo fue. Siempre pensaste en tu mamá, en tu familia, solo fue que no contaste con apropiados estilos de afrontamiento y que solo querías aliviar un dolor insostenible que te llevó a tomar una decisión trascendental y fatal en tu vida. Y cuando quisiste remediarla, no hubo marcha atrás.

Sobrevivientes:

Es importante que ustedes tengan en cuenta que el suicidio lo ocasiona una serie de factores de riesgo (como lo he venido mencionando a lo largo del texto). El suicidio es multicausal, no lo origina una sola causa. Dentro de estos factores de riesgo se encuentran los trastornos mentales (diagnosticados y no diagnosticados). En este espacio quiero hablarles de uno en especial y es la depresión. Trastorno mental dentro de los trastornos del estado del ánimo, según el DSMV.

La depresión es la principal causa mundial de discapacidad y contribuye significativamente a la carga global general de la enfermedad mental. Aproximadamente 280 millones de personas tienen depresión y puede conducir al suicidio (OMS,2021) y aunque la depresión **no** es el único factor de riesgo, sí es determinante.

La depresión clínica es una enfermedad grave y común que afecta al ser humano física y mentalmente. Es mucho más grave que solo sentirse desanimado o triste. Es real, así como ocurre con la diabetes, el cáncer o una enfermedad cardíaca, la persona no puede recuperarse por sí sola; necesita de un tratamiento que contribuya a su recuperación y en su calidad de vida. En ese orden de ideas, el manejo que se le debe asignar a la depresión es igual. Una persona que padece depresión no puede simplemente salir de ella a fuerza de voluntad, ya que es la combinación de factores genéticos, epigenéticos, biológicos, ambientales y psicológicos, lo que la causa.

El cerebro de las personas con depresión presenta interrupciones en sus conexiones neuronales; las áreas cerebrales que trabajan de manera conjunta para procesar las emociones se desacoplan en las personas que sufren trastorno depresivo. Investigadores de la Universidad de Illinois en Chicago han constatado, mediante neuroimagen, que la amígdala cerebral (región implicada en el procesamiento de las emociones) se desacopla de la red emocional en las personas que han experimentado episodios depresivos *(Mental Health América)*. La escasez de serotonina, el neurotransmisor relacionado con la sensación de bienestar, es la que más influye en el desarrollo de la depresión; pero también se ha detectado una disminución de norepinefrina, que favorece la atención; de dopamina, que nos aporta motivación; y de GABA que es relajante (Agon,2020). También se ha demostrado que esa reducción de neurotransmisores no nos afecta a todos por igual, ya que solo en algunos casos esto provoca síntomas depresivos, pero no siempre.

En un capítulo anterior (***Cuidado cerebral en la prevención del suicidio***) hacía mención de que nuestro sistema nervioso es muy complejo; por eso no es de extrañar que las particularidades del cerebro con depresión afecten diferentes aspectos de su funcionamiento y ahí radica la enorme importancia del cuidado que se debe tener con su principal órgano: el cerebro. Por otro lado, otras de las causas frecuentes que desencadenan la depresión son el estrés crónico o un trauma emocional y algunos factores psicosociales.

En un análisis de los factores de riesgo en la ideación suicida que realicé a 60 pacientes que ingresaron a mi consultorio entre 2019 y 2021, encontré que, dentro de sus factores de riesgo primarios, secundarios y terciarios para el riesgo suicida, las crisis depresivas y la depresión mayor (diagnosticada) prevalecieron en estos pacientes. La temprana identificación y el apropiado manejo e intervención en la práctica clínica, me llevaron a que estos pacientes mejoraran sus procesos cognitivos, cerebrales y mentales. El 18% de estos pacientes, acompañados por MBCT (Terapia Cognitiva Basada en Mindfulness, por sus iniciales en inglés), ligado a un tratamiento farmacológico, mostraron una recuperación bastante notoria (82%) en su funcionamiento diario y calidad de vida.

La depresión es real, no es solo una manifestación de tristeza e incapacidad para asumir la adversidad y resolver conflictos. La depresión es una enfermedad que debe ser respetada y tratada con prontitud si se quiere evitar una de las consecuencias más graves que tiene: el suicidio.

"El suicidio no es un acto egoísta, es una consecuencia de una enfermedad del cerebro" (Arango,2013)

Claves para tener en cuenta:

(Las dos primeras igual que el capítulo anterior)

Alimentación saludable: La serotonina se sintetiza a partir del triptófano, un aminoácido esencial, que obtenemos de la dieta.

Dieta MIND o dieta de la Mente: El grupo de investigación SINAPSIS de los Estados Unidos, plantea que el plan de alimentación de esta dieta propone incrementar la ingesta de vegetales de hoja verde, fríjoles, granos secos, granos enteros (avena, quinua, arroz integral, pasta integral y pan 100% integral), pollo, pescado, aceite de oliva; y disminuir las grasas saturadas, carnes rojas, alimentos fritos, mantequilla y azúcares. La nutrición influye en el estado de ánimo y el nivel de energía de una persona.

Reconocimiento de los problemas: Intenta identificar las circunstancias o problemas que están contribuyendo a que te sientas desanimado. ¡Recuerda! No es lo mismo experimentar una crisis depresiva que padecer una depresión clínica.

Manifiéstate: Cuando identifiques qué es lo que te ha hecho sentir triste y decaído y por qué, habla sobre ello con alguien. Convierte tu dolor en palabras, eso te liberará y generará nuevas redes neuronales.

Ayuda profesional: En los casos de depresión clínica, lo primero que se debe hacer es buscar ayuda profesional (psicología clínica y psiquiatría). Los medicamentos antidepresivos y la terapia cognitiva-conductual son los principales tratamientos para la depresión ya que afectan la ansiedad, la pérdida del sueño, del apetito, y la falta de interés o placer al realizar diferentes actividades.

Activación de redes de apoyo: La depresión provoca en el individuo aislamiento de la familia, amigos, trabajo y escuela. La red de apoyo es fundamental en personas con depresión, es un **Neuroprotector**.

Validación emocional: La empatía, la aceptación de las emociones y la comunicación asertiva son pilares en el acompañamiento del paciente depresivo.

7. ¿Ahora cómo enfrentamos la vergüenza del suicidio?

"La corrupción del alma, es más

vergonzosa que la del cuerpo."

(José María Vargas Vila)

Una de las sensaciones que me generó el hecho fatídico de ella, fue salir de casa de mis tíos al día siguiente del entierro e ir a la tienda de la cuadra a comprar unos huevos y arepas para el desayuno; recuerdo perfectamente la mirada de doña Martha, entre curiosa y prejuiciosa, hablándome a través de sus ojos escrutadores, y a la vez cuestionando lo sucedido; no me pude quedar callada y le pregunté: *"¿Le pasa algo Doña Martha?"* Y lo más asombroso es que me dice: *"¡Ay si mijita! ¿Por qué se mató su prima? Ay qué pesar. Qué pesar de los papás y también qué vergüenza para ellos decir que la hija murió así. Lo que se escucha por ahí fue que la culpa la tuvo su tío, porque como que pelearon ...¿cierto? Y no es por nada mijita, pero que Dios perdone a su prima, porque eso es un pecado mortal."* Aún siento el escozor que produjo ese comentario en mi cuerpo. ¡No lo podía creer! Le dije: "*Doña Martha, ¿es en serio todo lo que usted me está diciendo? ¿o hace parte de lo que sale usted a hacer todas las mañanas en la calle: chismosear y comerse el mundo con la lengua? Ni le voy a decir por qué lo hizo, ni nos causa vergüenza, señora entrometida y bochinchera…*"

Recuerdo que no sentía las piernas; salí con mucha ira, con mucho dolor, sentí que todo el mundo me miraba y señalaba la casa de mis tíos como blanco de cuestionamientos. En ese momento pensé: … *¿Ahora cómo enfrentamos la vergüenza del suicidio?...*

Según la revista médica Gaceta Espirituana, "La alfabetización en salud mental se define como conocimientos y creencias de los trastornos mentales que ayudan a su reconocimiento, manejo y prevención". La evidencia disponible muestra que, el conocimiento mejorado de la salud y los trastornos mentales, una mejor conciencia de cómo buscar ayuda y tratamiento, y la reducción del estigma y la vergüenza contra las enfermedades mentales a nivel individual, comunitario e institucional, pueden mejorar los resultados de la salud mental y aumentar el uso de los servicios de salud.

Uno de los mayores problemas que encuentro hoy día con las personas que consultan mis servicios, es que sienten mucha vergüenza de iniciar un proceso terapéutico que los ayude a mitigar los pensamientos suicidas; o en el caso de los sobrevivientes, no quieren buscar ayuda porque creen que sacar a la luz el motivo de muerte de su ser querido ocasionará vergüenza individual y colectiva.

Mis pacientes padres de familia de niños, niñas y adolescentes que han muerto por suicidio, han llegado a mi consulta destrozados por sus tragedias, con múltiples preguntas sin respuestas, y adicional a ello, cuando ingresan a consulta, muchos ingresan por estar contemplando el suicidio como estabilizador emocional a su tragedia.

Una de las emociones con las que más tienen que luchar los sobrevivientes, tal vez la más fuerte, es la vergüenza. ¿Y por qué la vergüenza? Porque para muchos padres, familiares, amigos, entre otros, queda la sensación de un trabajo mal realizado. Sienten que no desempeñaron un papel fundamental en la formación o en la vida de su ser querido, lo cual genera vergüenza, frustración y culpa ante una familia y una sociedad que contribuye a la agudización del sentimiento vergonzoso.

El suicidio nos pone frente a nuestra limitación y nuestra miseria humana; nos obliga a aceptar nuestro fracaso colectivo cada vez que se produce. También es cierto que una persona que muere por suicidio no necesariamente padecía de un trastorno mental (hay un alto porcentaje, pero no es la totalidad). En muchos casos solo son personas que necesitaban transformar su dolor en palabras y no lo lograron. Y cuando la mejor opción es la autoeliminación, es porque algo definitivamente falló en un nivel alto.

Muchas intervenciones sociales y de salud han logrado frenar o prevenir estas conductas con gran mérito y éxito. Yo opino e insisto que existe un trasfondo, un transdiagnóstico en este fracaso. Creo que muchos de los factores que provocan los suicidios (y otros muchos problemas) nos avergüenzan. No niego la importancia de las intervenciones de salud, pero no nos engañemos y no reduzcamos un problema tan complejo a una enfermedad que se curará en unos años solo con tratamiento farmacológico y terapéutico. Se trata de un asunto muy serio que va mucho más allá, es una cuestión de todos como sociedad. Una vez más, insisto en que serán imprescindibles la psicoeducación, las convicciones, los valores, las ideas, el sistema de creencias, la colectividad, la espiritualidad, entre mil más.

Muchas han sido las personas y entidades que me han buscado para que les diseñe una estrategia de prevención del suicidio; entre ellas, instituciones educativas. Para ello me han enviado algunas de las características de su contexto escolar en donde quieren implementarla. Entre las solicitudes más frecuentes está el abordaje de la desestigmatización de la conducta suicida, sobre todo la vergüenza que genera hablar de ella, ya que se convierte en uno de los muros de contención que impiden la prevención de dicha conducta. Pero sucede que, aunque hay principios generales que deben ser observados para que cualquier estrategia para la prevención del suicidio brinde los frutos deseados, cada teatro de operaciones en los que se han de realizar las acciones preventivas tiene sus particularidades que, a la larga, pueden determinar su efectividad.

Cada país, con su propia realidad sociopolítica específica garantizará en mayor o menor medida la prevención general del suicidio. Cada país, con su sistema de salud específico permitirá en mayor o menor grado la accesibilidad a los servicios de salud mental que posibilite el tratamiento de los ciudadanos que lo requieran (Pérez, 2005. Pág., 223). En Colombia, las personas en situación de crisis suicida son tratadas por diversos grupos de profesionales entre los que se encuentran psicólogos, psiquiatras, médicos generales, terapeutas sin otra especificación, etc. Todo lo anterior complica extraordinariamente la confección de una estrategia que sea de utilidad en todos los escenarios, debido a que existe un déficit de profesionales del área de la salud capacitados para manejar pacientes en riesgo suicida. Existe la creencia errónea que todo psicólogo o psiquiatra está capacitado para trabajar con un paciente en nivel alto de suicidabilidad, tan solo por tener el título profesional. Sin embargo, esto es una falacia ya que se ha identificado, en casos específicos, la negligencia e inapropiada praxis de los profesionales de la salud mental con este tipo de pacientes.

Se me viene a la mente un libro que leí de la poetisa Piedad Bonnett: *"Lo que no tiene nombre"*, en el que nos comparte la historia de su hijo Daniel, quien muere por suicidio, y donde relata que en el caso de su hijo existe un alto nivel de responsabilidad en la intervención clínica de los profesionales que estuvieron a cargo del proceso de tratamiento de Daniel. Y es que, cuando se maneja el suicidio desde un enfoque transdiagnóstico, se puede generar un tratamiento que intervenga todas las posibles etiologías suicidas. ¿Acaso se podría hablar de vergüenza en un caso de suicidio, cuando tenemos un sinnúmero de afectaciones a nivel genético, epigenético y biológico, entre otros? ¿Han tenido en cuenta todas estas vertientes los profesionales de salud mental en el momento del abordaje?

Les hablaré acerca unos factores de riesgo relacionados con la conducta suicida que, según un análisis que realicé en mi consulta con 60 pacientes con ideación suicida, se registran como factores principales de riesgo suicida. Tener en cuenta todos los factores de riesgo nos lleva a considerar un poco más lo que en realidad constituye la conducta suicida, y no solamente una muerte que genera vergüenza:

Factor genético y suicidio:

Los estudios realizados sobre aspectos genéticos arrojan información sobre las características innatas que podrían estar relacionadas con el suicidio, pero con brechas en el conocimiento aún inconclusas. (Schosser, et al. Alvadero, 2018) Dichos estudios mencionan que:

Los estudios muestran que la arquitectura genética ligada al suicidio estaría constituida por múltiples genes con efectos pequeños y que presentan variantes que incrementan o reducen el riesgo de un suicidio. Es decir, nos enfrentamos a un proceso extremadamente complejo y con una etiología demasiado heterogénea como para ser causado por la alteración de un solo gen o un grupo pequeño de ellos. Además, según algunos estudios, la herencia familiar tiene vínculos con la conducta suicida. Las causas de dicho acto pueden incluir antecedentes familiares de suicidio o algún tipo de trastorno mental como factor hereditario. Además, se generan dudas al querer demostrar que el suicidio es o no es una conducta independiente de un trastorno, cuando lo que representa el suicidio es el resultado de una enfermedad del cerebro. En otras palabras, es el resultado de la relación de la herencia genética de depresión mayor o trastorno bipolar con el riego de pensamiento, ideación, planeación y acto consumado de suicidio ya identificado (Alvadero, 2018). Además de lo anterior, en artículos similares se han citado estudios en los cuales se hace investigación con grupos monitoreados con los hijos adoptados de padres suicidas que, a diferencia de aquellos que no tienen antecedentes, tienen mayor probabilidad de idear y consumar el suicidio. Es de esa manera que también se ha estudiado aquellos casos de gemelos monocigóticos, en los cuales hay mayor probabilidad de presentar suicido heredado (Alvadero, 2018; Tovilla y Genis, 2012). De esta manera surgen investigaciones y estudios sobre la influencia de factores ambientales en la expresión del material genético, que consideran las experiencias y variables como: los estilos de vida, la crianza y la exposición a situaciones estresantes.

Factor epigenético en el suicidio:

En la expresión de los genes, influyen aspectos de la vida como lo pueden ser eventos traumáticos, ambientales, familiares, sociales y culturales, entre otros, que afectan la capacidad de adaptación a los cambios. Por ejemplo, una persona puede evitar tener un trastorno psiquiátrico, como la esquizofrenia con probabilidad de herencia, tal como lo establece el Manual Diagnóstico y Estadístico de los Trastornos Mentales en su quinta versión (DSM-5, por sus iniciales en inglés) de tal forma que, según sus condiciones de vida, desde la infancia se puede prevenir dicha alteración.

Es así como García et al. y de la Torre (citados por Cabrera, 2020) mencionan los cambios que pueden existir en una persona; desde epigenéticos, de acuerdo a sus experiencias en la vida temprana y heredados, es decir, efectos a nivel tanto comportamental como biológico, debidos a alguna modificación epigenética que se refieren a la herencia. En otras palabras, existe un mecanismo interno que actúa activando parte de dicha información genética heredada, pero que no la cambia; puede quedar intacta y no activada, o por el contrario ser activada por circunstancias externas de la vida y manifestar dicha información a raíz de la metilación (p.23).

Un ejemplo de cómo actúa el factor epigenético es vivenciar eventos estresantes como el abuso sexual, de tal forma que, según Turecki et al. y Van der Vegt et al. (citados por Cabrera, 2020), hay evidencia de que la adversidad a edad temprana se encuentra asociada a cambios epigenéticos en genes del eje hipotálamo-pituitaria-adrenal, lo que conduciría a una desregulación de la respuesta frente al estrés. Esta desregulación se puede manifestar por medio de rasgos de ansiedad e impulsividad en individuos con el antecedente de adversidad a edad temprana (p.19).

Las variables epigenéticas son aspectos que se deben considerar al analizar pacientes y poder prevenir la conducta suicida. Son determinantes en la medida que, si bien no son las únicas, tienen la facultad de prevenir o al contrario aproximar a un ser humano a pensar en su propia muerte como un medio de solución de conflictos internos y externos.

Factor Biológico del suicidio:

Los componentes neurales del cuerpo humano, en este caso los neurotransmisores tienen un papel fundamental debido a la anormalidad en el proceso de generación de la sustancia química cerebral conocida como la serotonina y mantenerse en el sistema nervioso; lo que genera deterioro en el estado del ánimo y los característicos sentimientos de desesperanza y negativismo, bases que se relacionan con la conducta suicida, que además surgen en ocasiones como consecuencia de algunos trastornos. Por ejemplo, en el caso de padecer trastorno bipolar, los cambios anímicos bruscos condicionan la vida de una persona. Por lo anterior, Alvadero (2018), hablando del DSM-5, menciona:

"Este manual considera las ideas suicidas como un síntoma subyacente a otras enfermedades mentales como el trastorno bipolar, tanto en sus facetas depresivas como maníacas; en el trastorno de la personalidad múltiple; y especialmente en el trastorno depresivo mayor (p. 19)."

De tal forma que el suicidio también es una acción comprometida de un diagnóstico de trastorno mental, dadas las condiciones fisiológicas y mentales en que se encuentra la persona; provocando así un mayor nivel de riesgo hacia la ideación, planeación y consumación del acto suicida e incluso el mismo parasuicidio o intento de suicidio. Es de resaltar y aclarar que por primera vez se incluye dentro del manual diagnóstico y estadístico el trastorno de la conducta suicida, lo que visibiliza la necesidad de abordarlo y tener en cuenta sus especificadores al momento de prevenir, promover y atender los casos de suicidio.

Por otro lado, los neurotransmisores, los genes y su expresión, de acuerdo a cada persona, son importantes puesto que tienen relaciones con patologías y trastornos de base. Quedan comprobadas las relaciones que existen entre las mismas, como lo expone Alvadero (2018) en su artículo al citar a varios autores sobre el suicidio post mortem, donde menciona que la corteza frontal tiene un rol importante ya que hay evidencias de los bajos niveles de transportadores de serotonina y de la cantidad del neurotransmisor desde el núcleo de rafe (p.30), desde el cual se conectan vías cerebrales implicadas como lo menciona a continuación.

Por ende, los transportadores de neurotransmisores tienen vínculo con aquellos desequilibrios cerebrales en personas que han pensado, manifestado o intentado suicidarse. La relación entre la disminución de los niveles de serotonina (5-HT) y suicidio ha sido ampliamente demostrada por diversas investigaciones a través de estudios post mortem de personas suicidas. También se ha encontrado que el ácido hidroxindolacético (5-HIAA) está relacionado dada su función de conductor responsable de la serotonina, donde las acumulaciones del líquido cefalorraquídeo se relacionan, a su vez, con los comportamientos agresivos o violentos de una persona, en caso de resultar alto o bajo el nivel de serotonina en los individuos (Bachus, et al., 1997 citado por De la cruz y Zúñiga 2017, s. p).

En conclusión, los desequilibrios de dicho neurotransmisor, y otros muy importantes como la dopamina, acetilcolina y noradrenalina, se vinculan con una conducta autolesiva y premeditada. Hay que tener en cuenta que, como todo sistema relacionado con el comportamiento humano que es multicausal, existen otros neurotransmisores implicados que en menor medida influyen, por lo cual no se deben olvidar dados sus vínculos funcionales naturales.

... ¿Ahora cómo enfrentamos la vergüenza del suicidio?...

No hay nada que enfrentar, no existe la vergüenza, solo existe desinformación del tema. No podemos sentir vergüenza de algo que solo y sencillamente nos dejó fue dolor por la pérdida de un ser amado. La vergüenza hace parte de una sensación que llega de la nada, de las murmuraciones, de las personas que solo quieren señalar y, no solo carecen de información, sino que están convencidos de que nunca les sucederá algo parecido.

Sobrevivientes

Es importante tener en cuenta que algunos casos de sobrevivientes han llegado a ser víctimas del mismo fenómeno (mueren por suicidio). Les comparto una información muy valiosa sobre el suicidio por imitación que nos ofrece la guía *"La Conducta Suicida: Información para pacientes, familiares y allegados."*

¿Qué significa "suicidio por contagio" o "imitación"?

La imitación de la conducta suicida se puede producir cuando se informa a una persona que alguien de su entorno (familiares, amigos, compañeros de trabajo...) se suicida o al menos lo intenta. Si esta persona se encuentra en una situación inestable o difícil, ese suceso puede facilitar, por imitación, que también pueda acudir al intento. Por otro lado, la manera en que los medios de comunicación abordan el suceso favorece un *"efecto contagio"*. La información sobre el suicidio con muchos detalles, dar la noticia de forma sensacionalista o cuando el suicidio se aborda con admiración (valentía, romanticismo etc.), puede favorecer la aparición de conductas de imitación, especialmente en adolescentes y adultos jóvenes. Sin embargo, esto no ocurre cuando la información se enfoca en sensibilizar a la población y prevenir el suicidio.

¿Cómo puedo ayudar a una persona que ha intentado suicidarse, pero parece que sólo lo hace para llamar la atención?

No se debe restar importancia a un acto suicida y creer que la persona lo realiza para llamar la atención.

Todas las personas que hacen un intento de suicidio desean expresar que algo no va bien, que nos demos cuenta de que se sienten mal e incapaces de adaptarse a las exigencias que les pide la vida. Es un dolor insostenible y no tienen la habilidad o destreza para comunicarlo o quizás se ha invalidado dicha conducta.

¿Cómo se puede ayudar al familiar o al amigo de una persona que ha muerto por suicidio?

Lo primero que debemos hacer es permitirles expresar su pena y sus emociones, a esto se le conoce como "validación emocional". El duelo por una persona que ha muerto por suicidio se ve acompañado con frecuencia de sentimientos de culpa; de una búsqueda de respuesta al por qué lo hizo; de una sensación de vivirlo como una mancha en la familia y otras muchas emociones. Superar esta situación puede llevar dos años o más.

¿Es posible predecir el suicidio?

Actualmente no hay una medida definitiva para predecir el suicidio. Aunque los investigadores y trabajos científicos demuestran que, en un alto porcentaje, los factores de riesgo contribuyen en la conducta suicida, es difícil predecir un suicidio; es difícil predecir qué personas con factores de riesgo finalmente morirán por suicidio. Sin embargo, los mismos factores de riesgo nos ayudan a los que estudiamos esta problemática a identificar personas en riesgo y trabajar en la construcción de estrategias preventivas, por ejemplo, un plan de acciones colectivas para pacientes con alto nivel de riesgo de suicidabilidad, o para la modificación de conductas autodestructivas. No se llegará a un punto cero, pero se pueden mitigar los eventos suicidas.

¿Qué pueden hacer los medios de comunicación a la hora de informar sobre un suicidio?

Los medios de comunicación pueden minimizar el riesgo de contagio proporcionando una información más objetiva acerca de los suicidios. Las noticias sobre suicidios no deben ser repetitivas, porque la exposición prolongada puede aumentar la posibilidad del contagio en personas vulnerables. El suicidio es el resultado de muchos factores, por lo que el reportaje no debe dar explicaciones simplistas, como por ejemplo que un evento negativo reciente en la vida de la persona ha sido la causa del suicidio. Tampoco se debería divulgar una descripción detallada del método de suicidio utilizado, glorificar a la víctima ni señalar que el suicidio fue efectivo para alcanzar una meta personal.

Pautas para tener en cuenta:

Validación Emocional: Escudriña en lo que estás sintiendo en estos momentos, reconoce la emoción y acéptala. Al ser conscientes de nuestro contexto personal, emociones y sensaciones, somos capaces de gestionarlas de una mejor manera y, por lo tanto, nuestro bienestar psicológico se ve favorecido. La validación, aparte de fortalecer mi relación interna, fomenta la confianza entre dos o más personas y, además, permite crear un vínculo de intimidad y empatía.

Autocompasión: Cuando se trabaja en la autocompasión, la persona pone la mirada sobre sí misma, ¡No es tenerse lástima! A través de esta manifestación de inteligencia emocional, la persona muestra y siente compasión, amor y lealtad hacia sí misma. Una forma de acompañamiento hacia uno mismo que resulta nutritiva y motivante es la reconciliación. En la expresión de la compasión, el ser humano siente cercanía con relación a una situación ajena que no le resulta indiferente a partir de la empatía. En este caso, indagar sobre esas emociones que te genera la partida de un ser amado y validar eso que estás experimentando, abrazarlo y amarlo, por más doloroso que sea, eso es autocompasión.

Autoregistro: Los autoregistros nos ayudan a evaluar la frecuencia y la cantidad de pensamientos negativos que estamos teniendo a diario. Si realizamos un autoregistro de esas emociones negativas y las modificamos por otras positivas, esto ayudará a disminuir las rumiaciones intrusivas negativas, y nos llevará, en un tiempo determinado, a generar nuevas redes neuronales que, a su vez, generarán sensación de paz mental.

Escaneo Corporal: Esta es una de las actividades que se realizan con los pacientes sobrevivientes en terapia; es muy importante para el desvío de la atención y la generación de nuevas redes neuronales. Según Ruth A. Baer, en su libro "Técnicas de Tratamiento Basadas en Mindfulness", el escaneo corporal consiste en que los participantes se tumban boca arriba o se sientan cómodamente en una silla con los ojos cerrados durante los 40 minutos que dura aproximadamente cada sesión. En ella se les va guiando para que centren su atención en varias partes del cuerpo de forma secuencial, a menudo empezando por los dedos de los pies y siguiendo por el torso, los brazos, el cuello y la cabeza. En cada parte del cuerpo se indica a los participantes que observen las sensaciones presentes con apertura y curiosidad, pero sin intentar cambiarlas. Y si no observan sensaciones, que simplemente observen la ausencia de estas. Este ejercicio es distinto de los ejercicios de relajación tradicionales porque no se pide a los participantes que intenten relajar sus músculos. Si alguna parte del cuerpo está tensa, simplemente observan procurando juzgar lo menos posible esa tensión. Si sienten un picor o un dolor, se les pide que observen sus características con el máximo cuidado del que sean capaces. Y cuando sus mentes se distraen, algo que se describe como inevitable, se les pide que lo observen lo mejor que puedan y que suavemente devuelvan la atención a la observación del cuerpo, sin autocrítica ni culpabilidad. Este ejercicio es importante repetirlo día a día porque genera tranquilidad.

8. *La otra cara de la cobardía y la valentía.*

"Un cobarde es incapaz de mostrar amor;

hacerlo está reservado para los valientes."

Mahatma Gandhi

Recuerdo que el 22 de abril del 2010 escuché la trágica noticia del suicidio de la actriz colombiana Lina Marulanda. Aún recuerdo con exactitud la impresión que me dio; yo me encontraba trabajando en una clínica de los Estados Unidos; me enteré de la noticia a través de los medios de comunicación. Hasta ese día había sentido lejano el tema del suicidio, y digo que hasta ese día porque me afectó de manera sorprendente la muerte de la artista. Lloré su muerte; ella era una actriz, modelo, empresaria, hermosa y talentosa mujer que siempre admiré y sigo admirando. Me dio muy duro su muerte, pero no puedo negar que lo primero que se me vino a la cabeza fue: "¿Cómo es que ella hace eso? ¡Que valentía tan tenaz la de esa mujer!" Sin embargo, ese mismo año (2010) en el mes de agosto, fue cuando aconteció lo del suicidio del esposo de mi jefe, el señor Smith (lo he citado en capítulos anteriores). ¡Lo de él fue algo sencillamente descabellado…! ¡Era cristiano! Era lo que pensaba en ese tiempo; no podía concebir en ninguna circunstancia que esto hubiera sucedido con una persona cristiana; como si ellos no sintieran o no se enfermaran. Reitero, por esa época yo no tenía la trayectoria, el conocimiento y la profesión que tengo hoy día. Pensaba en ese tiempo: "Lo del señor Smith, fue sencillamente un acto de cobardía".

Yo era de las personas del común que hablaban por hablar, sin tener conocimiento; pero a diferencia de esas personas que no gozan del conocimiento de la suicidología, siempre he sido una mujer empática, lo que me lleva a ser prudente. Lamenté mucho lo del señor Smith; escuchar esos gritos de su esposa era algo que no se podía describir. Pensaba dentro de mí que era un cobarde por no haber luchado y no pensar en su esposa, en su bebé de 8 meses y en su niña de 8 años; en toda su familia y en una comunidad cristiana de la que él era líder.

Esos dos eventos marcaron mi vida antes del suceso propio. Cuando ocurrió el suicidio de mi prima (seis meses después del suicidio del señor Smith) ¿Qué podía decir yo? ¿Valiente como Lina Marulanda o cobarde como el señor Smith? Me di cuenta de que con mi prima iba a entender cuál era *la otra cara de la cobardía y la valentía…*

La conducta suicida es un indicador importante como causa de mortalidad en el mundo, por lo que es relevante conocer los factores asociados a la conducta para la intervención clínica y el diseño de políticas de salud pública que permitan disminuir su incidencia (Arenas, Gómez, Rendón, 2015). Sin embargo, se puede trabajar en todas las variables que conducen a una conducta suicida, pero si no se trabaja en aspectos tan esenciales para la concienciación colectiva como la importancia que tiene la prevención del suicidio y la eliminación de los mitos que acompañan esta forma de morir en el imaginario social, no se podrá lograr efectividad en la implementación de ninguna estrategia preventiva.

Las creencias preconcebidas o mitos del suicidio se han constituido, con el pasar de los años, en los mayores factores de riesgo social para trabajar en la prevención del suicidio y en un muro de contención que impide salvar vidas.

A continuación, relaciono los diez mitos o creencias preconcebidas más conocidas en la actualidad:

1. MITO:	**REALIDAD:**
Hablar sobre el suicidio o preguntarle a alguien si se siente suicida fomentará los intentos de suicidio.	Hablar sobre el suicidio brinda la oportunidad de comunicación. Es más probable que disminuyan los temores compartidos. El primer paso para alentar a una persona con pensamientos suicidas a vivir proviene de hablar sobre esos sentimientos. Una simple pregunta sobre si la persona tiene o no la intención de terminar con su vida puede iniciar la conversación. Sin embargo, hablar sobre el suicidio debe manejarse cuidadosamente.
2. MITO: Los jóvenes que piensan en el suicidio siempre están enojados cuando alguien interviene y se resentirán con esa persona después.	**REALIDAD:** Si bien es común que los jóvenes estén a la defensiva y se resistan a la ayuda al principio, estos comportamientos a menudo son barreras impuestas para probar cuánto se preocupa la gente y está preparada para ayudar. Para la mayoría de los adolescentes que consideran el suicidio, es un alivio tener a alguien que realmente se preocupe por ellos y poder compartir la carga emocional de su difícil situación con otra persona. Cuando se les pregunta algún tiempo después, la gran mayoría expresa gratitud por la intervención.
3. MITO: La promesa de mantener una nota sin abrir y sin leer siempre debe mantenerse.	**REALIDAD:** Cuando se divulga el potencial de daño, o daño real, entonces no se puede mantener la confidencialidad. Una nota sellada con la solicitud de que la nota no se abra es un indicador muy fuerte de que algo anda muy mal. Una nota sellada es una señal tardía en la progresión hacia el suicidio.

| **4. MITO:**
Los intentos de suicidio o las muertes ocurren sin previo aviso. | **REALIDAD:**
Los sobrevivientes de un suicidio a menudo dicen que la intención se les ocultó. Es más probable que la intención simplemente no haya sido reconocida. Estas señales de advertencia incluyen:

El suicidio reciente, o la muerte por otros medios, de un amigo o familiar.

Intentos previos de suicidio.

Preocupación por temas de muerte o expresar pensamientos suicidas.

Depresión, trastorno de conducta y problemas con el ajuste, como el abuso de sustancias, particularmente cuando dos o más de estos están presentes.

Regalar posesiones preciadas / hacer un testamento u otros arreglos finales.

Cambios importantes en los patrones de sueño: demasiado o muy poco.

Cambios repentinos y extremos en los hábitos alimenticios / pérdida o aumento de peso.

Aislamiento de amigos/familiares u otros cambios importantes de comportamiento. Abandono de las actividades grupales.
Cambios de personalidad como nerviosismo, arrebatos de ira, comportamiento impulsivo o imprudente, o apatía por la apariencia o la salud.
Irritabilidad frecuente o llanto inexplicable. Expresiones persistentes de indignidad o fracaso.
Falta de interés en el futuro. |

	Un levantamiento repentino del ánimo, cuando ha habido otros indicadores, puede apuntar a una decisión de poner fin al dolor de la vida a través del suicidio.
5. MITO: Si una persona intenta suicidarse y sobrevive, nunca hará un nuevo intento.	**REALIDAD:** Un intento de suicidio se considera un indicador de nuevos intentos. Es probable que el nivel de peligro aumente con cada nuevo intento de suicidio.
6. MITO: Una vez que una persona tiene la intención de suicidarse, no hay forma de detenerla.	**REALIDAD:** Los suicidios se pueden prevenir. Se puede ayudar a las personas. Las crisis suicidas pueden ser relativamente de corta duración. La ayuda práctica inmediata, como quedarse con la persona, alentarla a hablar y ayudarla a construir planes para el futuro, puede evitar la intención de intentar o morir por suicidio. Tal ayuda inmediata es valiosa en un momento de crisis, pero entonces se requerirá asesoramiento apropiado.
7. MITO: Las personas que amenazan con suicidarse solo buscan atención.	**REALIDAD:** Todos los intentos de suicidio deben ser tratados como si la persona tuviera la intención de morir. No descarte un intento de suicidio como simplemente un dispositivo para llamar la atención. Es probable que el joven haya tratado de llamar la atención y, por lo tanto, esta atención es necesaria. La atención que reciben bien puede salvarles la vida.
8. MITO: El suicidio es hereditario.	**REALIDAD:** Aunque el suicidio puede estar sobrerrepresentado en las familias, los intentos no se heredan genéticamente. No descarte un intento de suicidio como simplemente un dispositivo para llamar la atención.

9. MITO:	REALIDAD:
El suicidio es indoloro.	Muchos métodos de suicidio son muy dolorosos. Las representaciones ficticias del suicidio no suelen incluir la realidad del dolor. Estudios demuestran que las personas que han muerto por suicidio, experimentaron un umbral de dolor similar a paciente crónico de cáncer.
10. MITO: Los jóvenes que piensan en el suicidio no pueden ayudarse a sí mismos.	REALIDAD: Al contemplar el suicidio, los jóvenes pueden tener una percepción distorsionada de su situación de vida real y qué soluciones son apropiadas para ellos. Sin embargo, con el apoyo y la asistencia constructiva de personas atentas e informadas a su alrededor, los jóvenes pueden obtener una autodirección y autogestión completas en sus vidas.

Me di cuenta de que con mi prima iba a entender cuál era *la otra cara de la cobardía y la valentía… Así* fue. Cuando llegué a Colombia y me tocó enfrentar mi tragedia familiar, una tragedia devastadora, sin antecedentes, algo que no tiene nombre, quise entender la otra cara de la cobardía y la valentía. *¿Qué había en medio de esas dos actitudes?* Eso era lo que quería averiguar. Pensaba en aquellos dos personajes mencionados anteriormente, que habían muerto por suicidio, y no podía creer que precisamente yo estuviera atravesando por esa difícil situación.

Ella era para mí, la niña consentida, la segunda de las tres hermanas, la cuarta de cinco hijos, era mi cocoliso, mi modelito, mi princesa consentida, mi súper niña valiente y arriesgada para su corta edad; pero a la vez súper cobarde y frágil para afrontar sus propias emociones. Siempre supe que ella se movía entre esas dos características. En realidad, jamás pensé que algo como esto pudiera ocurrir; ella le tenía miedo a morir, y ni hablar del suicidio, era algo que ella abominaba, era creyente y ella misma decía que era pecado y que solo Dios era el dueño de la vida y el único que la podía quitar.

Digerir lo indigerible para mí fue sanador. Entender que no existe la cobardía, ni la valentía en el suicidio para mí fue liberador. Entendí la partida de Lina Marulanda, del señor Smith y la de mi bella prima; sin romantizar sus muertes, pero con la plena convicción de que se encuentran bajo la justicia de Dios; una justicia que nadie conoce, sino Él, que es un Dios justo y bueno. Entender eso llenó de calma cada esquina de mi alma. Así como ellos, todas las personas, consultantes y demás sobrevivientes de suicidio, entendí que la otra cara de la cobardía y la valentía *es la misericordia de Dios.*

Sobrevivientes:

Es muy importante tener una mentalidad abierta para poder enfrentar todas las creencias erróneas que circundan la conducta suicida. En conclusión:

-Siempre hay que tomar en serio cualquier amenaza o intento de suicidio.

-Es muy importante facilitarles a las personas la expresión de sus sentimientos.

-Un alto porcentaje de suicidas se debaten entre querer vivir y querer morir.

-El suicidio puede prevenirse.

No se puede decir con exactitud que el duelo de muerte por suicidio se mantiene por un tiempo determinado, porque su duración es variable. Aun así, con la experiencia que he tenido con pacientes sobrevivientes, podría inferir que los primeros dos años se pueden considerar como los años más impactantes y duros para entender que pasó. Después de este tiempo, se evidencia un poco de mejoría, sanidad y una reducción de los síntomas en el malestar emocional. De todas maneras, cabe resaltar que cada proceso es individual; algunos sobrevivientes tienen diferentes estilos de afrontamiento y resiliencia; en otros apenas se trabaja en la construcción en terapia. Todos necesitan distintos tiempos para la adaptación a su nueva realidad.

Pautas para tener en cuenta

Sé honesto contigo mismo: Indaga sobre lo que quieres reclamarle a tu ser querido. Sé honesto contigo mismo y no te coartes de decirle lo que piensas. Puede ser en medio de una actividad ritual o en oración.

Banco de emociones: Toma una caja; organízala y decórala. Haz de ella un banco de emociones: escríbele notas o cartas a tu ser querido acerca de todo lo que sientes. Escribe en cada una de ellas cómo consideras que fue su acto: ¿cobarde o valiente? Al final de la semana en la que hayas practicado esta actividad, ¡quémalas!

Contemplación: A mis pacientes sobrevivientes les sugiero que, en una actividad de contemplación y comunicación con su ser querido desde el alma, realicen una actividad llamada *"PRAYARS"*. Esta consiste en buscar un sitio especial en la noche, donde te puedas acostar mirando el cielo y contemplando las estrellas; a través de la oración y mirándolas fijamente, trata de ubicar una en particular, que imagines que es la que pertenece a tu ser querido. Desde ahí, procura establecer un canal de comunicación cada vez que sientas la necesidad de hacerlo. Recuerda que ellos dejan de vivir entre nosotros, para vivir dentro de nosotros.

Respiración y Relajación: A la relajación se le atribuyen una serie de efectos positivos para la salud, tanto física como psicológica. A través de la práctica de las técnicas del control de la respiración se consigue una relajación cognitiva que permite obtener una reducción de la sensación subjetiva de la ansiedad, una mayor sensación de calma y bienestar. Asimismo, se le atribuyen unos efectos orgánicos a largo plazo mediados sobre todo por la disminución de la activación del sistema nervioso central, periférico y autónomo. Quizás los cambios más conocidos son los relacionados con la disminución de la frecuencia respiratoria y la tasa cardiaca, pero también se producen otros efectos como la disminución de la presión arterial, cambios endocrinos (disminución de la adrenalina y noradrenalina, de los corticoesteroides, del colesterol y de los ácidos grasos); así como un incremento de los leucocitos (mejora el sistema inmunológico) y una disminución de la glucosa de la sangre.

Se pueden realizar los siguientes ejercicios de distención muscular:

Relajación Diferencial: Con esta técnica se busca que el paciente se relaje mediante una serie de ejercicios en los que debe tensionar y distensionar una serie de grupos musculares, haciendo especial énfasis en la diferencia consciente entre el estado de tensión y del de distensión.

Control de la respiración: Es tal vez el procedimiento más sencillo y eficaz de todas las estrategias. Una respiración correcta permite la adecuada oxigenación del organismo. Nuestro ritmo de vida actual a veces propicia la ejecución de patrones de respiración acelerados y superficiales, que implican el uso únicamente de la parte superior de los pulmones, generando así una respiración meramente torácica en la que el diafragma y la parte inferior de los pulmones intervienen muy poco. Este tipo de respiración incompleta, no diafragmática, impide que los pulmones se expandan al máximo y por lo tanto se produce una mala oxigenación, obligando a un mayor trabajo cardiaco, lo cual facilita la aparición de sensaciones de ansiedad y fatiga.

9. Resiliencia: El dulce sabor de la tragedia.

Robert Frost

Después de ese 15 de mayo del 2011 las cosas no fueron fáciles. Se sentía un ambiente desolador y tenebroso en la casa; se respiraba en el aire incertidumbre y dolor. Tres días después nos reunimos toda la familia en la finca de mi madre; allí tuvimos un espacio para compartir con amor y compasión, acariciando nuestra tragedia; todas las mujeres nos vestimos del color preferido de ella: fucsia. La recordamos con mucha alegría, evocamos sus carcajadas, su sentido del humor, sus relatos aterrorizantes del colegio y sus peleas constantes con los compañeros; pero, sobre todo, trajimos al presente su capacidad de resiliencia que creíamos que poseía. Siempre vimos en ella una capacidad de resolución de conflictos increíble. ¡De hecho, a veces, exageraba en sus recursos para solucionar problemas! Se mostraba fuerte frente a las adversidades y los problemas, y expresaba una sorprendente tranquilidad ante cualquier situación que le trajera disconformidad. ¡Pero eso sí, que no arremetieran contra alguno de los miembros de la familia o amigas! Sobre todo con sus hermanas porque perdía la cordura y no le importaba absolutamente nada.

En fin, ese día en la finca, en medio de risas y llanto, recuerdos, música, gritos de euforia, de tristeza y desolación, nos dimos cuenta que íbamos a salir avante de esta tragedia. Recordarla y sentirla con nosotras fue un bálsamo para nuestras almas y sentimos que íbamos a adoptar esa capacidad de superación de los problemas que siempre observamos en ella, aunque su última resolución en vida no fuera la más acertada. Ese día estuvo acompañado de distintas emociones; al llegar la noche, llegó el silencio y con el silencio me llegó un mensaje: *¿Qué sabor me deja todo esto que pasó?* Y pensé ...*Me queda "la resiliencia: el dulce sabor de esta tragedia"* ...

Todas las personas, en algún momento, experimentarán de alguna forma la adversidad, la dificultad o una experiencia difícil. ¿Cómo pueden las personas darle manejo a este tipo de eventos trágicos? La muerte de un ser querido, un evento desgarrador a nivel colectivo, una pérdida de trabajo, un compromiso amenazante con la aplicación de la ley, una enfermedad grave, ataques terroristas y otros eventos traumáticos, son todos ejemplos de experiencias de vida muy desafiantes (apa.org, 2011).

¿Cómo afrontar los desafíos trágicos que nos presenta la vida a diario?

Muchas personas reaccionan a tales circunstancias con una avalancha de emociones fuertes y una sensación de incertidumbre, que sin duda hacen parte del proceso para saber si somos seres resilientes. La mayoría de personas generalmente se adaptan con el tiempo a situaciones que cambian la vida y a condiciones estresantes. Otras sencillamente no lo pueden lograr. ¿Qué es lo que les permite hacerlo a quienes sí pueden? Hacerlo implica ser resilientes, es decir, que tengan la capacidad de la resiliencia que es un proceso continuo que requiere tiempo y esfuerzo e involucra a las personas en la toma de una serie de pasos (Kennedy,2020). Todo el mundo necesita tener esta capacidad bien desarrollada; sobre todo cuando se está involucrado en algunas ocupaciones tales como: las personas que se dedican con el alma y corazón al hogar, las personas del común que buscan su diario vivir en las calles, el personal de la salud, los militares, los bomberos, entre muchas otras; pero especialmente a todas las familias sobrevivientes de suicidio, quienes deben ser excepcionalmente resistentes para sobreponerse y salir adelante.

Siempre he trabajado en la construcción de la resiliencia desde dos premisas:

La resiliencia preventiva (inmunidad): Proceso en el cual el individuo se forma en el fortalecimiento de la resistencia preventiva de la adversidad y genera estilos de afrontamiento para una experiencia vivencial.

La resiliencia reactiva (la capacidad de recuperarse de la adversidad): Es el proceso de adaptarse frente a la adversidad, el trauma, la tragedia, las amenazas o las fuentes significativas de estrés, tales como problemas familiares y de relación, problemas graves de salud, factores estresantes en el lugar de trabajo o situaciones financieras difíciles. También significa "recuperarse" de experiencias difíciles (Brendan, 2020).

En el caso de los sobrevivientes del suicidio, ser resilientes es uno de los principales factores protectores individuales con los que cuentan, ya que la capacidad de ser resilientes ante la tragedia les genera herramientas para identificar estilos de afrontamiento y tareas para llevar a cabo durante su proceso terapéutico en consulta y en casa. Los pacientes que no son resilientes sufren más y generan en ellos frustración y mayor impotencia para alcanzar una resignificación en su nuevo proyecto de vida: una nueva vida sin su ser querido.

La investigación ha demostrado que la resiliencia es ordinaria, pero no extraordinaria. Las personas comúnmente demuestran resiliencia en acciones que generan gran impacto en el transcurso de sus vidas. Sin embargo, existen diferentes tipos de situaciones adversas donde en realidad se pone a prueba esta capacidad. Ser resiliente no significa que una persona no experimente dolor, preocupación, dificultad o desespero. El dolor emocional y la tristeza son comunes en las personas que han sufrido una gran adversidad o trauma en sus vidas. De hecho, es probable que el camino hacia la resiliencia implique una angustia emocional considerable (Díaz, 2011). La resiliencia no es un rasgo que las personas tengan o no tengan, no son criterios de personalidad, ni son características particulares que deban poseer o heredar. La resiliencia implica comportamientos, pensamientos y acciones que se pueden aprender y desarrollar en cualquier persona; y cuando digo cualquier persona, hago referencia a que la persona que menos cree que pueda ser resiliente nos puede estar enseñando, en el momento que le toque experimentar la adversidad, en qué consiste realmente ser resiliente.

Desarrollar la resiliencia es un viaje personal, así como lo es también la salud espiritual. Personalmente considero que la resiliencia va muy de la mano con la presencia de lo espiritual. En los pacientes sobrevivientes resilientes que he tenido en consulta, he podido identificar que aquellos que fortalecen su relación con Dios, encuentran una calma que sobrepasa todo entendimiento; necesitan solo apoyo profesional para entender por qué pasó lo que pasó con su ser amado, y orientación para la reconceptualización de su proyecto de vida donde su ser querido ya no tiene un lugar físico.

No todas las personas reaccionan de la misma manera a los eventos traumáticos y estresantes de la vida. Un enfoque para desarrollar la resiliencia que funcione para una persona podría no funcionar para otra. Las personas necesitan y usan diferentes estrategias (Brendan.2020).

La Asociación Americana de Psicología cita algunos factores que influyen en la construcción de la resiliencia. De igual forma, manifiesta que muchos estudios demuestran que uno de los factores más importantes en la resiliencia es tener relaciones de cariño y apoyo dentro y fuera de la familia. Relaciones que emanan amor y confianza, que proveen modelos a seguir y que ofrecen estímulos y seguridad, contribuyen a afirmar la resiliencia de la persona. Otros factores asociados a la resiliencia son:

- La capacidad para hacer planes realistas y seguir los pasos necesarios para llevarlos a cabo.
- Una visión positiva de sí mismos, y confianza en sus fortalezas y habilidades.
- Destrezas en la comunicación y en la solución de problemas.
- La capacidad para manejar sentimientos e impulsos fuertes.

Todos estos son factores que las personas pueden desarrollar por sí mismas, aunque en muchas ocasiones las deben generar con el apoyo de un profesional, ya que no todos los individuos cuentan con este tipo de características.

Con mis pacientes en consulta trabajamos sobre un aspecto muy importante para la construcción de la resiliencia. Se trata de la actitud reflexiva y tolerante, la cual consiste en mantener el equilibro y la flexibilidad mental, cognitiva y emocional para saber cómo confrontar las situaciones adversas y los eventos trágicos como, en este caso, el suicidio.

Son varias las acciones que desarrollamos en consulta, entre esas están:

Apertura de mente a la experiencia: Consiste en permitirse experimentar emociones fuertes; reconocer cuándo tiene que evitarlas para poder seguir funcionando; aceptarlas sin juzgarlas y abrazarlas, aunque generen mucho dolor.

Afrontación: Consiste en inducir al paciente a que debe salir adelante y tomar acciones para atender sus problemas y enfrentar las demandas del diario vivir.

Retroceso: Consiste en llevar al paciente a que dé un paso atrás para descansar y llenarse de energía nuevamente; esto lo logra realizando activación de recuerdos positivos de su ser querido sin juzgarlo ni justificarlo, solo evocando su recuerdo para llenarse de energía y poder salir adelante.

Red de afectividad: Consiste en que el paciente debe pasar tiempo con sus seres queridos para recibir su apoyo, su estímulo, y su cuidado. Confiar en los demás y también confiar en sí mismo.

¿Qué sabor me deja todo esto que pasó? ...Me queda "la resiliencia; el dulce sabor de esta tragedia" ...

Es un sabor amargo que se va convirtiendo en dulce a medida que dejas pasar el tiempo, que no te apresuras y que la cantidad de tus porqués va disminuyendo. La resiliencia es la mejor arma que podemos tener los sobrevivientes del suicidio para resignificar un proyecto de vida sin esa persona importante que ayer estuvo y que hoy no está.

La resiliencia ha sido mi mejor aliada en todo este proceso; ha sido la que me ha permitido masticar la amargura que sentía al pensar en la causa de muerte de ella y las inconformidades que todos teníamos ante una muerte que no debió hacer parte de su vida. Sin embargo, estar escribiendo este libro me lleva a demostrar que ha sido la resiliencia la que ha hecho que todo esto tuviera sentido. He sido una mujer de fe y siempre he creído que Dios me acompaña en todas las aventuras de la vida que emprendo, y esta no es la excepción. Tomar la decisión de indagar por años en este tema tan álgido y estigmatizado no ha sido tarea fácil, en cambio sí me ha enseñado que es la misma resiliencia que Él fortalece en mí para que pueda hacerlo día a día y llegar a una gran cantidad de personas que necesitan ayuda. No siempre el sabor es tan amargo cuando la resiliencia se hace presente. Se hace presente con ella la reconceptualización de una nueva historia de vida, donde entendemos que ya esa persona no estará circundando nuestra vida, no volveremos a verla, y es cuando llegan los cuestionamientos: ¿Qué hacer con esto? ¿Soy resiliente? ¿Puedo sobrevivir a esto? ¿Cómo manejo todo esto? Fueron algunas de las muchas preguntas que me hice. No era solo el suicidio de un miembro muy amado de mi familia, ahora se trataba de todos los que día a día suceden y nos enteramos por diferentes medios. Son esas tres mil personas que mueren a diario, porque cuando somos sobrevivientes, no necesariamente lo somos por personas cercanas o familia sino por la sociedad. Suicidios colectivos o sociales que nos marcan profundamente. Tal como sucedió unos años atrás, cuando todo el país tuvo que vivenciar un suicidio de una madre desesperada con su hijo pequeño. Automáticamente el país se convierte en sobreviviente, y es que la resiliencia debe ser el factor primordial para poder asumir la vida en un país donde la tragedia es el diario vivir.

Asumiendo mi parte, el amor a Dios, mi confianza en su infinita misericordia y la resiliencia hicieron que iniciara el dulce sabor de la tragedia: constituir una fundación en la que yo pudiera ayudar a las personas que estuvieran atravesando por situaciones difíciles. Era lo más sublime que podía realizar. Además, fue un regalo de Dios, un llamado que me hizo para trabajar en la prevención de este enemigo silencioso y lo convirtiera en lo que es.

Una fundación llamada ANDA que se dedica a trabajar en el fortalecimiento de la salud mental para prevenir la conducta suicida…

…ANDA es el dulce sabor de mi tragedia.

Sobrevivientes:

Es importante tener en cuenta que solicitar ayuda cuando la necesiten es crucial para construir resiliencia. La ASOCIACIÓN AMERICANA DE PSICOLOGÍA nos brinda diez pautas para construir resiliencia:

Pautas para construir resiliencia

Establecer relaciones: Es importante establecer buenas relaciones con familiares cercanos, amistades y otras personas importantes en su vida. Aceptar la ayuda y el apoyo de personas que lo quieren y escuchan, fortalece la resiliencia. Algunas personas encuentran que participar activamente en grupos de la comunidad, organizaciones basadas en la fe y otros grupos locales les proveen sostén social y les ayudan a tener esperanza. Ayudar a otros que lo necesitan también puede ser de beneficio para usted.

Evite ver las crisis como obstáculos insuperables:
Usted no puede evitar que ocurran eventos que producen mucha tensión, pero si puede cambiar la manera como los interpreta y reacciona ante ellos. Trate de mirar más allá del presente y piense que en el futuro las cosas mejorarán. Observe si hay alguna forma sutil en la que se sienta mejor, mientras se enfrenta a las situaciones difíciles.

Acepte que el cambio es parte de la vida: Es posible que como resultado de una situación adversa no pueda alcanzar ciertas metas. Aceptar las circunstancias que no puede cambiar le puede ayudar a enfocarse en las circunstancias que sí puede modificar.

Muévase hacia sus metas: Póngase algunas metas realistas. Haga algo con frecuencia que le permita moverse hacia sus metas, aunque le parezca que es un logro pequeño. En vez de enfocarse en tareas que parecen muy difíciles de lograr, pregúntese acerca de las cosas que puede lograr hoy y que le ayudan a encaminarse en la dirección hacia la cual quiere ir.

Lleve a cabo acciones decisivas: En situaciones adversas, actúe de la mejor manera que pueda. Llevar a cabo acciones decisivas es mejor que ignorar los problemas y las tensiones, y que desear que desaparezcan.

Busque oportunidades para descubrirse a sí mismo: Continuamente, como resultado de su lucha contra la adversidad, las personas pueden aprender algo sobre sí mismas y sentir que han crecido de alguna forma a nivel personal. Muchas personas que han experimentado tragedias y situaciones difíciles han expresado obtener cierta mejoría en varios aspectos de su vida; por ejemplo, en el manejo de sus relaciones personales, un incremento en la fortaleza de carácter, aun cuando se sientan vulnerables, la sensación de que su autoestima ha mejorado, una espiritualidad más desarrollada y un mayor aprecio por la vida.

Cultive una visión positiva de sí mismo: Desarrollar la confianza en su capacidad para resolver problemas y confiar en sus instintos ayuda a construir la resiliencia.

Mantenga las cosas en perspectiva: Aun cuando se enfrente a eventos muy dolorosos, trate de considerar la situación que le causa tensión en un contexto más amplio y mantenga una perspectiva a largo plazo. Evite agrandar el evento fuera de sus proporciones.

Nunca pierda la esperanza: Una visión optimista le permite esperar que ocurran cosas buenas en su vida. Trate de visualizar lo que quiere en vez de preocuparse por lo que teme.

Cuide de sí mismo: Preste atención a sus necesidades y deseos. Interésese en actividades que disfrute y encuentre relajantes. Ejercítese regularmente. Cuidar de sí mismo le ayuda a mantener su mente y cuerpo listos para enfrentarse a situaciones que requieren resiliencia.

A continuación, se relacionan algunas otras formas de fortalecer la resiliencia que le podrían ser de gran ayuda. Por ejemplo: algunas personas escriben sobre sus pensamientos y sentimientos más profundos relacionados con la experiencia traumática u otros eventos estresantes en sus vidas; la meditación y las prácticas espirituales también ayudan a algunas personas a establecer relaciones y restaurar la esperanza.

La clave es identificar actividades que podrían ayudarle a construir una estrategia personal para desarrollar la resiliencia (Información tomada de https://www.apa.org/).

10. Donde estés...

"No podré olvidar el dolor que sentí por tu pérdida,
pero tampoco la experiencia de haberte tenido en mi vida"
(Anónimo)

Han transcurrido doce años desde el momento de tu partida, y cada día siento como si hubiera sido ayer. Recuerdo el día en que naciste: hubo una conexión súper especial. A medida que fuiste creciendo veía en ti a una niña tierna, hermosa y muy despierta con esos ojos de corozos que tenías. Nuestro cocoliso porque tenías esa cabecita siempre lisa de bebé; contabas con el más precioso tono de piel nunca antes visto y un cuerpo armonioso y muy acorde a tu belleza. Sentir que tu personalidad era parecida a la mía hacía que conectáramos cada día más. Lo primero que hacía cuando llegaba de visita era tomarte en mis brazos y acariciar esos crespos locos en un cabello castaño claro y sedoso; era mágico. Bañarte cuando estabas pequeña era una de las cosas que más disfrutaba y de los recuerdos tuyos que más atesoro. Cuidarte era un desafío, pero a la vez una aventura. Acompañarte en tus tareas y en esas tardes interminables en la casa, con tu música a *todo volumen enloqueciendo al que estuviera, era lo más desesperante que podía existir. Pero no solo te cuidaba a ti, también a tus hermanas, y disfrutaba mucho hacerlo. Recuerdo que, de las tres, con la que siempre tenía que lidiar más era contigo. Eras muy desobediente: te mandaba a hacer oficios, tareas o mandados y, siempre, tu frase era "relájese, primita, lo hago después, hay mucho tiempo para eso." Y había tiempo para todo, sobre todo para hacerme pasar vergüenzas. Cuando tuve el privilegio de vivir contigo en la calle 16, me di cuenta de que sencillamente éramos almitas gemelas: personalidad extrovertida, contestatarias, alegres, desobedientes, arriesgadas, trasnochadoras, rumberas, igualadas, enamoradas, perezosas; pero sobre todo con un sentido de humanidad y empatía por el otro que nos identificaba. ¿Qué otro calificativo podría utilizar para describirnos tal y como éramos las dos? Tú tan pequeña y yo adolescente. Tampoco olvido que enamoraste con tu derroche de carisma a mi novio en esa época; llegaba a visitarme y tú sabías que era él y decías que era para ti la visita; tú le abrías la puerta, te lanzabas en sus brazos y decías: "Silvana, llegó mi novio." Reconozco que en ocasiones me fastidiaba eso, porque así era, sentía que la visita era para todos en casa, menos para mí. Pero te veía tan cómoda que para mí era felicidad verte así. Tú le preguntabas: "¿Viniste a verme,* cierto?" y él te decía: "Sí, mi princesa." Y tú: "¿Y a mi prima?" Y él: "¡No. A ella dejémosla sin visita!" Y tú: "¡Sí, me gusta la idea!" Y todo era solo carcajadas entre dos cómplices. Así eras con todos: con mis amigos, con mis tertulias, con mi amado Herbert; siempre en medio de los dos, fuiste muy especial. Con un alma transparente, tan fuerte y tan frágil a la vez. Como si fuera un arma para defenderte, usabas un vocabulario que era más grande que tú; eso fue cuando estabas ya más grandecita.

Donde estés…no sé si recuerdes que desde tus diez años te parabas frente al espejo donde me maquillaba y me mirabas fijamente. Aún evoco esa mirada tan profunda y escrutadora; mientras me maquillaba tú me decías una frase que jamás erradicaré de mi mente, mi alma y mi corazón: "Prima, usted tan linda que es." Sé que lo decías en serio, sin embargo, te conocía tan bien que sabía que no dabas un paso en falso, y te contestaba: "¿Qué quieres, niña lambona?" Y me devolvías un: "¡Nada, prima! Que usted es muy linda, y se vería más linda si me enseña a maquillar." Y yo: "¿Qué qué? ¿Usted está loca o se está enloqueciendo?" Y mi tía desde la cocina: "Las estoy escuchando, señoritas." Y como era de esperarse, eras tan insistente y proactiva, no te cansabas de luchar por conseguir lo que querías, que esa misma compañía en el espejo la tuve durante varios años y con las mismas frases. Yo solo me reía; luego le aumentaste frases sobre lo armonioso que era mi cuerpo y que era parecido al tuyo, hasta el día en que lograste lo que querías. Para cuando cumpliste los 13 años, te hice lo que más querías y anhelabas en tu rostro: maquillarte debajo del ojo. Lo hicimos aprovechando las ocupaciones de mis tíos debido a que era el matrimonio de tu hermano y aprovechamos el despiste; igual nadie se dio cuenta esa noche. La promesa era que solo esa noche te harías esas rayitas en el ojo; pero qué gran mentira. Desde esa noche hasta la noche en que partiste para la eternidad nunca las pudiste quitar de tus mágicos ojos.

Donde estés…agradezco la oportunidad que me brindó Dios de tenerte como parte de mi familia, de tenerte en mi vida, de amarte, de haber compartido tantas cosas aquí en la tierra; de haber sido parte de tu vida, de haber coincidido contigo en este universo. Tantas experiencias compartidas, tanto cariño, pero, sobre todo, agradezco a Dios por la maravillosa oportunidad que me brindó al poderme despedir de ti en esa finca donde Vivian en el 2010. Llegar ese fin de semana a compartir con todos, disfrutar como lo hicimos, escuchar tus experiencias de adolescente que me dejaban perpleja, pero me llenaban de *emoción al escucharte, consentirte, abrazarte, y dormir por última vez contigo, como cuando eras pequeña, acariciar tu cabello rojo, aconsejarte, besarte, arruncharnos y pasar esa última noche. Aún te veo elevando tu mano haciendo un adiós, y hasta ese día te vi con vida.*

En fin...escribiendo este último capítulo de lo que representaste en mi vida y las experiencias que vivimos, me hacen revivirte y sentirte aquí a mi lado. Sé que lo estas, riéndote como lo hacías, orgullosa de estar escribiéndote esta memoria, en un último capítulo de un libro que me costó tantos años terminar, y no por el gran volumen de páginas sino por la carga emocional que representa para mi cada capítulo, cada línea, cada frase; es despedirme nuevamente de ti; despedir a esa niña preciosa que tanto nos hacía reír y espantar con sus historias terroríficas de colegio. Y también me costó tiempo porque necesitaba saber tantas historias invaluables similares para poderlas compartir. Ahora, espero que este libro sea de gran ayuda para muchas personas que atraviesan por un dolor tan grande como el que atravesamos nosotros.

Donde estés, quiero decirte que no quiero romantizar tu muerte, tampoco la juzgo, ni la justifico. No soy quien, no somos quienes para hacerlo. No te voy a negar que dejaste en la familia un dolor devastador, un vacío grande. Nunca entendimos qué pasó ni en qué fallamos, pero Dios y el tiempo son aliados perfectos. Con tu historia ha sido posible ayudar a miles de adolescentes, jóvenes y adultos. Tu historia ha servido para llenar de vida y esperanza a innumerables almas que han perdido el sentido de la existencia. Aunque no estés acompañándonos físicamente, sentimos tu amor y tu alegría. Aunque no estés, sigues siendo protagonista, como te gustaba, de un proyecto llamado Fundación ANDA. No podía dejar pasar desapercibido tu andar por la tierra como si nada. Fuiste muy especial y lo sigues siendo. Confío en la justicia de mi buen Dios y Él sabe todo lo que se ha querido construir a través de ti. Intento día a día estar muy atenta a su llamado en mi vida; espero poder seguirlo llevando a cabo; es una misión que Él sembró en mi vida. Siempre fuiste especial y única. Sé que nada de lo que yo haga te regresará, pero siento que, en cada historia de vida, en cada alma que se libera, en cada familia que logra salir avante, ahí estás tú presente; diciéndome nuevamente, como cuando eras pequeña, "Prima, qué linda", "Prima, así es", "Prima, no se canse" y muchas más frases reconfortantes. Seguiré haciendo esto porque es una misión que Dios me encomendó; fue una promesa que hice en un ataúd y es la única manera de seguirte diciendo: "ANGIE DANIELA, ¡continúas viva en nuestras vidas! ¡Siempre seguirás presente…

... DÓNDE ESTÉS!